改寫你的金錢心靈帳簿

解讀金錢記憶，預約財富自由

金錢心靈導師 張瑜芬 著

推薦序

通往心靈、金錢、人生富足的正確之路

洪培芸

美國著名的勵志演說家及作家，厄爾．南丁格爾（Earl Nightingale）曾說：「在金錢能起作用的領域裡，沒有什麼東西能比錢更好用。」簡言之，有錢眞好。在金錢能解決的範圍裡，金錢可以用來解決許多問題，幫你代勞許多事，像是聘人處理消耗體能的家事、買賣房子……等大事。尤其，也能減少人際關係中，涉及金錢的衝突與爭執。

然而，怎麼做才能有錢呢？如何讓金錢富足呢？

認識瑜芬的因緣

時光快轉到二〇一九年，我在如今已熄燈的金石堂信義店，進行《人際剝削》新書分享會。如同生命早有伏筆，一切都是深具意義的安排，瑜芬正是當年台下的讀者之一，何其有幸！提早結下善緣的種子。

在新書分享會的最後，我開始為讀者簽名。瑜芬閃耀著晶亮的眼神，跟我說到她正在撰寫第一本書，這句話讓我留下了深刻的印象。為什麼呢？因為閱讀者眾，寫作者寡。

我也很好奇，瑜芬將帶給這個世界怎麼樣的作品。暌違五年，終於等到了！收到《改寫你的金錢心靈帳簿》初稿時，我讀得非常振奮，心中同時也飄過「怎麼不早點出版呢？」的聲音。

因為瑜芬的大作直指許多人的盲點，完全呼應後來我對「金錢」的重新理解、領悟及體會。

金錢並不只是貨幣，不是一張紙、幾枚銅幣、也不只是數字。它是用來「交換價值」的載體，緊緊扣住了你的深層心理與能量層面，交互影響、內外呼應。

臨床心理工作十多年，我見過太多深陷於痛苦的婚姻，受困於經濟壓力而無法離開親密關係的婦女；還有被財務狀況拖垮的族群，他們工作都很認眞負責，但總是收支無法平衡，頂多勉強打平，更遑論能夠有餘裕；當然，也包含現代相當熱門的主題：投資。那些投資股票總是賠錢收場，情緒震盪起伏，讓身心健康一團糟的族群。

透過本書，讓你重新檢視：

1. 金錢與自己、他人的關係。
2. 運用天賦創造金錢，還有利他的願力。
3. 活出最有力量、最好版本的自己，用來實現今生最高價值。

我想起我相當欣賞的已故日本企業家稻盛和夫說過，工作不只是爲了溫飽，而是用來鍛鍊人性，提升靈性。

瑜芬在這本書中說明得更完整了。工作不只是提供收入，更是激發我們天賦與潛能的場所，讓你貢獻所學與專業，利己利人，實現今生使命，尤其活得熱情充沛。

正如書中更進一步提到，「深入的覺察練習」和「勇敢執行內在熱情」就能打開天賦和突破因果業力！這也是迷惘人生的解藥，幫你找到天賦，打破一而再、再而三的負面因果循環。

破除有毒的負面金錢信念

遙想十多年前，我到紐約曼哈頓旅行，看到洛克斐勒中心，眞是讚歎其宏偉與壯觀。不禁讓我想起美國石油大亨約翰・洛克菲勒（John Davison Rockefeller）的發跡，還有發人深省的家族傳承故事。

這位歷史上第一位億萬富翁洛克斐勒的家族如今崩壞及瓦解了嗎？沒有。正好打破我們習以爲常，卻難以察覺的各種負面金錢信念，像是富不過三代、爲富不仁等。箇中緣由，本書已經回答，也一一列舉這些「看似正向」的金錢信念來幫助你自我檢視，邀請你務必找出來細讀，去挑出不知不覺內化的許多負面金錢信念，改變負面金錢習氣。

愛的能量，啓動金錢的能量

一個自信不足、不愛自己、不相信自己的人，即使大好的工作機會與合作邀請來敲門，也無法勇敢地say yes！無法透過眼前挑戰來發揮內在潛能，無法經由實現生命價值得到金錢的價值及收入。然而，當你開始懂得愛自己，你的財富命運就能翻轉，進入正向的循環。

愛自己，就能帶來財富的創造、流動與進入。生命的奇蹟就在當下，也就是愛的能量。當你能夠眞正地愛自己，你會饒恕及放下過往的任何創傷，把靈魂的焦點放在自己此刻的創造，而不是繼續與過往的人事物糾纏。

當你能夠「全神貫注、全力以赴」地做好眼前的工作，你的表現往往能超乎對方的預期，達到更好的表現，合作機會自然會源源不絕地到來，而金錢報酬也隨之而來。

邀請你一起學習本書「金錢能量」「金錢心理學」「財務規畫」的智慧，活出美好、豐盛、富足的人生。

（本文作者爲臨床心理師及作家）

推薦序
寫出自己的金錢回憶錄，獲得心靈救贖與療癒

李昆霖

目前我創辦過五個事業，失敗了三個，成功了一個半（那半個是書店，因為書店不太會賺錢），我的人生也算經歷了不少金錢方面的低潮。我察覺成功創業家在接受大眾媒體採訪時很容易忽略的兩個重要資源，也是大眾沒有看到的支柱：

1. 身心靈的健康。（如本書所談到的抗壓能力）
2. 被動式收入的財務規畫。

這也解釋了為什麼富一代更容易育養出富二代，因為家族會傳承金錢價值觀給下一代。

副業是書店老闆的我，讀書最在乎的是讀這本書是否能帶給我新的養分，而《改寫金錢心靈帳簿》這本書給我最大的養分是，把金錢也當作是一個人的概念，

把金錢跟自己之間的關係看待成跟一個人的關係。「金錢，也想要身心靈平衡」這句話有觸動到我。

於是我接受瑜芬在書中的邀請，也嘗試寫出自己跟金錢的關係，寫出了我人生的金錢回憶錄，從中獲得了心靈上的救贖跟療癒，也因此理解自己爲何在創業這條路上勇於堅持走一條比較辛苦的路，原來，那些是繼承了父母給我的養分啊！

我的金錢回憶錄

5－10歲：我媽媽的家境清寒，九歲就要工作賺錢，小學只讀到五年級，所以她了解被歧視學歷的痛苦，堅持要我把書讀好，養成看書的習慣。而她自己也以身作則，是我認識的長輩中最愛看書的人，我們小時候的家境沒有太多資源可以出門旅遊，所以媽媽每個週末一定會帶我們兄妹去高雄青年書局看書，因爲可以在書店內看一整天的書，是最省錢的親子活動。每次我們結束要離開書店前，媽媽總是讓我們兄妹選一本書買回家，因爲她要我們養成消費的習慣，而不是占他人便宜。

12歲：父母創業已經有所進展，媽媽問我：「要當藍領的工人，還是白領的上班族可以賺比較多的錢，賺錢也比較不會那麼辛苦？」

我回答：「當然是白領的上班族！」

媽媽回應：「那你就要認眞讀書，你願意努力投入時間讀書嗎？」

「嗯」我點頭，從那天之後，我開始變得自動自發。

媽媽用引導的方式，而不是強壓的方式，讓我決定自己的人生道路，因爲是從我自己口中所說出來的話，我就會有動力去做。

13歲：爲了讓我離開台灣的學校體制，媽媽強迫爸爸在他三十九歲的事業成長期時提早退休，全家移民去澳洲。因爲他們認爲親子關係跟金錢的累積是平等的重要。

爲了讓當時英文不好的我能夠申請進入澳洲布里斯本當地最好的私立中學，爸爸很大方的捐款給學校，幫助學校蓋運動設備。爸爸這個行爲讓我印象深刻，日後我創業成功且自己有孩子時，也不經意的複製爸爸的行爲，捐款幫助孩子的學校蓋網球場，讓孩子有更好的學習環境。

我從父母的身上看到他們的金錢價値觀，總是把最優先順序放在教育投資上。

16歲：我人生第一次自己去雜貨店打工，獲得了澳幣二十元，非常有成就感，因爲是人生第一次靠自己的勞力賺到錢。回家後我跟媽媽說，我想要繼續打工，媽媽卻拒絕了我的要求，她說：「體驗打工很好，讓你知道賺錢的辛苦，你才會節省。但學生的本分應該是要好好讀書擁有好學歷，未來才能更輕鬆賺錢。」

18歲：在我十八歲以全澳洲最優秀成績（OP1）考上大學時，媽媽鼓勵我先去歐洲自助旅行兩個月再回來上大學。她說想要犒賞我成績優秀，願意贊助我旅費去開拓視野。她說年輕只有一次，一定要好好把握。因爲媽媽的鼓勵，我愛上了用背包客的方式自助旅行，並且遊歷了四十幾個國家。

我二十二歲想要去肯亞自助旅行一個月，她雖然很擔心那邊的治安，但還是放手讓我去。旅行期間有長達十天沒有訊號失聯讓她很焦慮。我現在身爲人父，才知道媽媽當時是多麼有勇氣願意放手讓我去冒險。

當我博士學位讀到一半遇到瓶頸時，我跟媽媽說想休息，去日本交換學生一年，想把日文學好。她卻拒絕了我的要求。她跟我說，博士學位一定要一氣呵成拿到，要不然以後就沒有機會，也不會有心境完成學歷了。

我二十七歲在美國拿到博士學位後，有美國公司願意聘我，給我工作機會跟很好的薪水，但媽媽卻叫我先不要急著工作賺錢，鼓勵我先去環遊世界。因爲這很有可能會是我最後有機會去環遊世界了。（果眞被她說中，之後的二十年我再也沒空去環遊世界了。）

我現在所擁有的心靈自由，以及勇於改變現況的勇氣，都是我的爸媽用心教育的成果。我從他們身上看到，他們從來沒有對金錢恐懼。長大後才知道，原來爸爸三十九歲時只存了一千五百萬就勇於提早退休移民去澳洲，然後在五年內就把全部的錢花光。（因爲我們兄妹私立中學的學費跟才藝課程很貴。）

我還記得我問過媽媽：「難道你們都不會擔心錢花光怎麼辦？」

媽媽只是聳聳肩，一派輕鬆的說：「那就再回台灣重操舊業就好啦！」

這一幕對我影響深遠，他們對自己賺錢的能力擁有強大的自信，即便是中間有五年失業沒工作。

我一直覺得自己很幸運有如此強大自信心的父母，他們從不擔心從零開始的辛苦，而這也讓我在事業遇到低潮時，想起父母的人生故事，就會產生激勵的效果。

長大後我做生意賺了錢繳了不少稅，國稅局還曾經有一年特地頒發獎狀給我，恭喜我成了繳稅優良大戶，其實收到這樣的獎狀心情很複雜，沒想到我媽聽到後竟然沒有像精打細算的生意人教我怎麼節稅，反而是很正向的告訴我，她爲我感到驕傲，她也希望我要爲自己感到驕傲，能爲自己的土地做出貢獻。她說：「如果沒有台灣這麼好的資源跟環境，我們也不可能做生意成功，所以我們不要占人家便宜！」

我的媽媽去年已經離開我們，但她留下的資產不只是實質上的，更重要的是看待金錢的平等心，不貪愛，也不恐懼。

我猜想這也是本書作者瑜芬想要帶給大家的價值觀吧。

（本文作者爲提提研創辦人）

目錄

第3部 翻開過去、現在、未來的金錢心靈帳簿

學員課後心得與見證

我參加過瑜芬老師的金錢潛意識療癒個人課程，和金錢身心靈引導師培訓課，上課過程中，讓我學習到原生家庭與自己的金錢信念有著強大的連結，而找到自己的金錢問題根源。瑜芬老師總是引導我去看見人生的眞相，而不著眼於表相；引導我面對金錢議題的根源，才能走出糾纏不清的金錢情緒和關係。

趙培棣，台灣

有一段很長的時間，我沉溺於「不停追著錢跑，卻永遠追不上錢」的循環裡，直到我參加瑜芬老師的「金錢心靈帳簿」課程，透過老師的引導後得到大幅度的改善。現在除了自己的工作穩定之外，我跟隨著瑜芬老師學習金錢身心靈引導師培訓，更深入地療癒了自己潛意識裡的金錢盲點，期待將金錢身心靈學在馬來西亞發揚光大。

劉澤萍，馬來西亞

過去十年中，我上過好幾期不同的金錢心靈課程，都幫助我突破了當時的金錢議題。還記得第一次上課後，我迅速地在一年內還清負債；而第二期的「金錢魔術師」課程中，瑜芬老師引導我去面對自我負責的課題，點醒了我「做事不敢犯錯」的這個工作盲點，並且建議我勇敢的追求挑戰性的業務工作，結果在一個月內我找到新工作，也為我的職涯帶來薪水的最高峰。

徐麗媗，台灣

當初選擇「金錢和愛的圓舞曲」課程，是為了學習改善財務狀況，想不到卻引領我發掘更深層的潛意識金錢信念。感謝瑜芬老師引導我看見內在渴望被愛的部分，教導我如何釐清與人之間的界線，並且看到自己的價值。當我學習了正確的金錢觀念之後，開始覺察到自己的情緒和行為背後的盲點，透過覺察和改變盲點，我終於找到愉快的工作模式，並且發揮自己所長。

馮美恩，香港

我從二〇二一年開始參加瑜芬老師的金錢心靈課程，從最初看見內在對金錢的深層恐懼、限制和反抗，到現在可以覺察和感受到金錢流是如何運作，也時常體驗到每個當下的豐盛和富足。瑜芬老師的內在有一股強大的願力，願每個人活得更好，而我就是被這樣的力量引領著，一點一滴地改變自己的金錢和人生盲點，感恩現在的我擁有健康且飽滿的生命品質。

王乃玄，台灣

作者序
金錢竟然是我這一生的天命

如果有人在十三年前告訴我：「妳接下來的生命將走入以金錢爲主題的諮詢和療癒工作，與建立一套完整的金錢智慧系統，來引導人們走出金錢迷惘和走入富足的境界。」我會一笑置之，因爲那時的我在美國正處於財務職涯的高峰，壓根沒有想過轉換跑道，尤其對於療癒、能量根本不屑一顧。但，它眞的發生了。

二〇〇七年初，我在美國意外得到很嚴重的萊姆病毒，這個併發症可以使患者從腦霧無法思考、關節退化、恐慌症、自體免疫系統下降、頭暈到無法站立等等，是一個令人聞之色變的嚴重疾病。但幸運的是，我的前夫（當時的先生）是一位中醫師，也是治療這個病毒的專家，於是我長期接受他以植物性藥物療法來控制病情。

但在治療的頭三年，接二連三有其他嚴重的併發症在不同的器官發炎，令我痛苦不堪。二〇一一年時，我的身體終於支撐不住壓力龐大的財務經理之職，而辭去了高薪工作，當時完全沒有料到我的財務職涯從此畫下句點。

遞出辭呈之後，我對於接下來該靠什麼維生並沒有太多想法，但內心隱約感覺到冥冥之中有一份屬於我的人生工作正等著我，於是我試著和宇宙溝通，不斷的詢問：什麼是我的人生工作（What's my life's work.）我祈求祂給予我訊息和指引。

三個星期後神奇的事發生了，當我在植物園跑步時，聽到宇宙賜予的訊息：Money Coach，這是我當時完全沒聽過的名詞，卻改變了我的生命，不僅是工作，甚至整個人生，開始有了一百八十度的徹底蛻變，包括飛到美國加州學習金錢心理學，深入靈性修行而療癒了自己，離婚，並離開了居住二十三年的美國，移居回台灣。

我的人生和個性從二〇一一年十一月十一日這天，好像突然出現了一道生命的分水嶺，宛如命盤折成兩半，這一生有二世的感覺。但是如果沒有經歷這次長達八年的重病，我不可能走入靈性修行而深入地認識自己和宇宙，更不可能找到此生的天命而活出自己。我認知到生命中沒有不該發生的事，越是危及生命和痛苦之事，命運承接越大的轉變，因爲靈魂準備好了，只有勇敢的接受和臣服，此生之身心靈才能合一。

學習金錢智慧，打開金錢能量

當我開始從事金錢心靈教練的前幾年，我發現幾乎所有學員對於金錢的認知只停留在「物質層面」，所以對於自己所面臨的財務、工作和金錢情緒問題看不到盲點。**所謂的「金錢物質層面」是指把金錢和消費能力、社會地位、成功標竿、自我價值畫上等號，當我們無法達到這些階層時，金錢就會為人生帶來痛苦。**

過去的我也是如此，但經歷過金錢療癒之後，並且不斷的學習整體的金錢智慧，才走出了僅以「物質層面」來解讀金錢議題，而是**以心理和能量層面同時覺察自己的內在狀態**，我認知到**這才是解決金錢問題盲點的關鍵。**

這本書陸陸續續寫了十年，當我不斷的研究金錢與人之間的關係，不斷的累積更多個案諮詢和療癒經驗，就更證實了我的金錢療癒理論：每個人都需要學習金錢，因為它是我們唯一從出生那一刻到死亡之後緊緊相連的東西，它在我們生命中的重量遠遠大過於只是貨幣交易之物。

大多數人的一生都汲汲營營在追求金錢，只有非常少數的人認識金錢與自己的關係，這個關係不僅代表著財富多寡，還有金錢對自己的內在情緒、是否運用天賦創造金錢、金錢對應其他關係的心態、金錢是否使用在人生核心價值而活出幸福的人生等等。

金錢其實是一門非常複雜的學問，很榮幸在這一世有機會研究它，甚至將它化繁為簡的建立了一套很科學的金錢身心靈學系統，希望藉由這本書讓更多人學習金錢智慧，認識自己與金錢之間的關係，從而眞正的愛上金錢。

完成這本書的過程對我來說也是心靈成長的養分，整理過去學生的金錢故事案例，有時讓我很激動，我發自內心感謝他們有勇氣面對過去種種的金錢和人生創傷，也感謝自己有機會能引導他們更深入的認識自己和療癒所有的關係。

在此我想感謝兩個人，由於他們的支持和鼓勵，這本書終於得以問世。非常感謝在美國的前夫 Kevin Pett，他總是讓我知道自己擁有超凡的天賦和專長可以貢獻給世界，在我很沮喪的時期給予我支持和鼓勵。另一位是我的出版經紀人廖翊君，她不僅引導我寫書體例，更是我的啦啦隊長，讓我有毅力且準時的完成這本書。

最後，我想感謝和恭喜購買這本書的你，因為你選擇了學習金錢的智慧，就已經打開金錢能量之門，一切都是心念。期待你改寫自己的金錢心靈帳簿之後，勇敢的去追求自己渴望的夢想，用你的天賦創造金錢！

前言
原來「金錢」也具備了身、心、靈的特質

市面上有非常多關於金錢和財務的書籍，有些是談投資理財，有些著重於金錢心理學，有些是致富學，還有另類的財富靈訊解讀，讀者朋友可能會納悶：還有更多的金錢相關議題還沒被談論到嗎？

是的！我投入金錢心靈引導師的工作之後，發現有些學生的金錢議題無法被有效的解決，原因在於大多數人只看到金錢問題的單一層面，而非以整體性來探討為什麼自己在金錢的心理層面或財務上會遇到困境。

舉一個最簡單的例子：投資股票總是以賠錢收場的這個金錢議題，有些投資專家會認為這些人沒有學習足夠的「投資技巧」，有些心理學派可能建議這些人需要改變「投資心態」，有些靈性老師也許感覺到這些人的能量卡住了。而這些投資失利的人通常會選擇自己相信的單一解決方法，來改變投資問題，卻往往效果不彰。

如果這些人是我的學員，我會先引導他們回溯成長過程中的哪些金錢經驗，導致目前的投資心態，也藉此了解自己承受風險的指數；再來教導他們財務規畫和財商思維對於投資的重要性，才能有效的累積財富；然後引導他們覺察投資情緒，因爲在情緒下做買賣是大多數投資人不自覺的行爲；最後我會引導他們釐清自己的人生核心價值目標，來建立屬於自己人生的投資計畫。我認爲只有這樣完整性的探討爲什麼投資總是失利，才能找到個別的問題根源。

「金錢身心靈學」是我過去十幾年來研創的一套系統，具備三個主軸：財務規畫、金錢心理學、金錢能量，它很棒之處在於可以完整的幫助每個人釐清自己與金錢之間的關係，不僅能夠建立財富上的豐盛，更重要的是深入內在消融對於金錢的恐慌情緒，或者永遠不夠多的拚命賺錢情操。

我們鮮少有機會在學校和社會中學習金錢

即使大家都知道金錢對自己的人生有重大的影響，但是在教育體制裡總是無意識地傳遞「念書是爲了考上好學校，考上好學校才能求得高官高薪」的金錢觀念。

這個萬年根深蒂固的金錢觀念已經植入每個人的DNA裡，但是無論學歷再高，大多數人一旦遇到金錢議題，很容易產生鬼打牆的狀態，尤其是心理層面的金錢相關情緒，因爲從來都沒有學習過以其他的角度來認識金錢。

在這十幾年來我開設了不少的金錢心靈課程和講座，希望引導更多人以金錢身心靈學的各種不同角度，來學習和認識金錢。每個人的成長環境和天生個性不同，所產生的金錢問題根源也就不一樣，事實上，**深入的認識自己，才能找到自己與金錢的關係。**

金錢心靈帳簿的魔法

很多人對於「金錢心靈引導師」這個職稱摸不著頭緒，這究竟與「金錢教練」「金錢療癒師」的差別在哪裡呢？如果以一句話來介紹「金錢心靈引導師」，我會說他是物質世界和心靈世界的連結媒介，藉由整體的引導＋諮詢＋療癒方式來幫助人從外而內眞正了解自己和金錢的關係，以物質和心靈雙管道同時解決金錢議題。

而「金錢心靈帳簿」就是以金錢心靈引導師的工作方式來設計的，三本金錢心靈帳簿的編排方式爲：現在（釐清現在的金錢議題）→過去（回溯過去的金錢細胞記憶）→未來（走入未來的財富規畫），把這一世的金錢關係攤開來在同一個平行空間，同時執行引導、諮詢和療癒自己與金錢的關係。

這是目前在全世界的金錢專業領域中，極少人教導金錢的方式，卻是一套能徹底改變人與金錢之間關係的魔法帳簿。在學習這套金錢心靈帳簿前，需要先敞開心房，願意以不同的角度來學習金錢，然後有耐性的思考帳簿裡的每個引導和提問，最後如實的執行財務規畫來實踐屬於自己的財富自由之道。

以「金錢覺察魔法週記」打開金錢能量

有些讀者可能會有疑問：難道我們不能有意外之財嗎？工作升遷機會一定要等到療癒完金錢創傷嗎？通常出現金錢卡住的狀態，是因爲金錢能量不流通，如果希望金錢能量越來越暢通，最好的方法就是每天覺察自己的金錢信念和情緒，因爲信念和情緒就是能量的展現。每一個負面金錢信念的轉念，就如同中醫師在氣不流通的穴道針灸，當氣流通後，病症自然而癒。每一個轉念，都有創造金錢奇蹟的可能性，這個現象已經發生在我自己和不少學生身上，小到中統一發票，大到一個月內意外的完成買房夢想。

這就是我設計「金錢覺察魔法週記」的起心動念！藉由學習金錢心靈帳簿的改變方式，每天不斷的覺察金錢信念，然後記錄下來，當我們隨時保持金錢正念的心流，本身的能量振動頻率自然提高，而與量子場共振，顯化夢想則會變得輕而易舉！

讓這套「一書十一週記本」引導你走入意想不到的金錢世界吧！

第 1 部

金錢，也想要身心靈平衡

第1章 當金錢平衡時，生活富足也隨之而來

由於現代社會的快節奏與壓力，越來越多人開始追求自己的身心靈平衡狀態。

希望身體健康、內心平靜、精神層面感到滿足，期待生命所帶來的幸福感。

你知道嗎？不只是人類，就連你我天天在使用的金錢，也想要身心靈平衡喔！

金錢問題源於對金錢的焦慮

「金錢，也想要身心靈平衡」的理論，是我十幾年來研究人們與金錢之間的關係之後得到的證實：**如果人們希望在金錢上獲得富足感，就需要做到金錢的身心靈平衡。**

「當你發現自己對金錢有不安全感時，會如何做呢？」我在演講時，常會問聽眾上述的問題。大多數人都告訴我，只要「賺更多的錢，就沒有金錢問題了。」

眞的是這樣嗎？

十多年來，在我聽過上萬人的金錢問題之後發現，除非是非常貧窮的生活狀態，或者無法照顧自己的生活所需，否則，賺更多的錢並不會眞正改善一個人的金錢焦慮情緒，有時反而造成更多的恐懼。

二〇一三年，我在美國開設「女人的金錢奇蹟之旅」六週課程，認識了莉莎。當時她才二十八歲，是兩個孩子的媽媽，兩個孩子分別是兩歲和剛出生六個月的寶寶。

莉莎當時是一位剛創業的教練，她來上課的主要原因有二：第一，她對於金錢有極大的恐懼情緒；第二，她的事業收入寥寥無幾，有時甚至籌不出錢來買尿布。她當時的先生雖然有打零工賺錢，但也入不敷出。

莉莎的成長過程中家裡還算富裕，媽媽全職在家照顧孩子，爸爸是一位大公司的工程師，工作很忙常常加班，所以莉莎極少有機會和爸爸見面或互動。她的爸爸為了補償無法陪伴孩子的缺憾，總是以金錢來滿足莉莎的物質需求，殊不知這個長期用金錢來彌補愛的舉動，讓莉莎對於「金錢就等於愛」的這個信念深信不疑，直到遇見我才知道，這是一個造成她在愛的關係上痛苦的金錢觀念。

莉莎從很小就有在商店偷竊的習慣，她既然有充足的零用錢，為什麼還養成偷竊的行為呢？她說只是為了好玩和尋求刺激。他把偷來的首飾和化妝品藏在房間的抽屜裡，其實她的媽媽早就發現莉莎的偷竊行為，非但沒有糾正她，反而把偷來的首飾和化妝品拿來使用，所以莉莎對於自己的行為毫不在意，甚至持續這個偷竊行為，直到大學一年級時在商店被警察抓過一次之後才收斂。

大學三年級時，她的爸爸失業了一段時間，由於莉莎的媽媽一向花錢成性，遇到這個狀況整個人驚慌失措，更不可能安撫莉莎。這一年的莉莎為了維持身為啦啦隊的一員，和持續原本的開銷，找了一份打工的收入，但還是無法付清信用卡的費用。她因爲金錢壓力而開始吸毒，爲了保持身材導致進食障礙症，不是完全不吃，就是吃完後讓自己嘔吐，無法控制自己的飲食。

莉莎在大學的最後一年，由於進食障礙症病發太嚴重，而被送到加州的專屬醫院治療，因此沒有完成學業。她到加州治療一年之後，因爲爸爸斷掉她的錢援而開始工作，這時在工作場合認識了她的先生，兩人開始交往之後，非但沒有太多的收入，還一起吸毒，結果累積了一大筆負債無力償還。

一年之後莉莎懷孕了，爲此他們決定結婚。不可思議的是，女兒竟成爲改變莉莎命運的轉折點。懷孕之後的她整個人醒過來，開始爲了女兒改變自己，決心戒掉偷竊的惡習，用心治療進食障礙症，最可喜的是她重返學校完成了大學學業，同時走入身心靈療癒，以自己的經驗來幫助其他進食障礙症的人。

但莉莎告訴我，她可以改變這所有的一切，就是無法改變她對金錢的恐懼。

1-1 擁有內在富足感，是平衡的鑰匙

莉莎的故事讓我想到以前金錢不平衡時的自己。

我從二〇一一年開始學習金錢心理學，走入靈性修行之後，開始正視自己與金錢之間的關係，發掘到好多過去沒有覺知的負面金錢信念，例如金錢焦慮的情緒：只要銀行帳戶沒有多於一萬美金的現金存款，我的不安全感就會冒出來。

當我覺察到這個金錢盲點時，我問自己幾個問題：

- 你現在眞的沒錢付帳單和買菜嗎？還是你的幻想？
- 如果現在銀行裡有一百萬美金，你的金錢焦慮就會消失嗎？
- 如果現在存款很少，你認爲自己有能力去賺取更多錢嗎？

（上述問題刻意以「你」來做爲人稱，因爲自我提問時，我就是那個「你」。）

當我一一回答自己的提問後，開始看清事情的眞相，而不是我的幻想時，我發現焦慮感減低了。就這樣，我不斷地發掘更多的金錢負面信念和行爲，改變自己在

金錢和人生的狀態之後，我開始創業，從事金錢心靈引導師工作：這個工作結合了我的財務經驗、金錢心理學、靈性修行和藝術創作力的專業和天賦，我不但可以開心的工作，工作時間比過去在美國公司擔任財務部門主管時還減少了二分之一，讓我可以將多餘的時間花在照顧自己的健康，精進靈性修行，學習新知識和每年的國內外旅行上。

當我們活在開心的狀態下，能量振動頻率會跟著提升，很容易的吸引到貴人和機會。即使我在台灣沒有太多人脈協助我開始這個事業，藉由網路廣告和分享，居然吸引來自世界各地的華人報名我的線上課程，而這個事業至今已經走向第十二年了。

我活出了富足的生活狀態！

金錢身心靈平衡的三要素

二〇一五年，我將這些改變自己和學生們金錢和人生困境的臨床經驗，整合成「金錢身心靈學」系統，透過多年來不斷的實際驗證，更確信，**如果要改變一個人**

縱觀你與金錢之間的關係

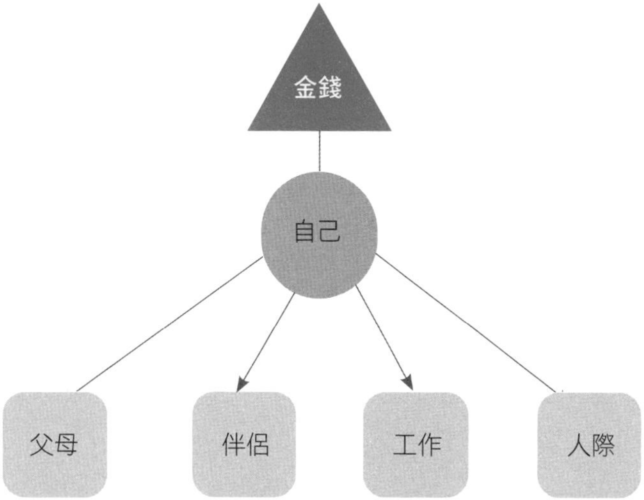

的財務和金錢心理層面議題，一定要同時學習財務規畫、金錢心理學和金錢能量。

這就是金錢身心靈平衡的三要素！

「金錢身心靈學」是以財務規畫、金錢心理療癒和金錢能量調整，三大領域來引導人們去看見自己與金錢之間的關係，以金錢爲主軸，深入療癒自己與原生家庭的關係、親密關係、人際關係、工作關係，還有與自己的關係。我認爲在這個世界中，除了愛以外，幾乎沒有其他東西像金錢般連結著自己和生命中的各種關係。

如果仔細看這些關係，你會發現金

錢像是網絡般交錯在這些關係的脈絡當中，因此**學習金錢身心靈學，不僅能改善個人的金錢議題，還能改善個人的各種關係，最終活出富足的生命狀態。**

再回到莉莎的故事。當我們進入金錢療癒的過程，我幫助莉莎挖掘出很多她不自覺的負面金錢信念和行爲，例如：她只要一沒錢就會回家跟媽媽哭窮，媽媽則會以金錢來掌控她，然後大罵莉莎無能和其他難聽的話，莉莎把這些負面的言語和能量都吸收進去，所以對自己非常沒自信，更缺乏自我價值感。

其實莉莎是一位非常聰慧的女孩，無論是在學校或人際關係上都表現得很好，只是家庭環境讓她的內在小孩越活越渺小，甚至認爲自己不值得成功。

1-2 愛與金錢，可以兩全其美

另外還有一個深深影響莉莎的金錢信念就是：有錢就沒有愛，有愛就沒有錢。前文曾提及這是她從小爸爸彌補愛的金錢行爲，這個信念成爲莉莎無法創業成功的原因之一。因爲莉莎當初堅持一定要在家照顧小孩，而不願出去工作賺錢，但家裡的米缸已經快見底了。雖然她的教練事業是在家工作的網路課程形式，但是她一天二十四小時被孩子綁住，無法抽出時間來設計事業模式和行銷事業。她認爲如果愛孩子，就不該爲了錢而拋下孩子。但我提醒她：金錢和愛是可以兩全其美，不需要擇一啊！她才恍然大悟。

對於莉莎的種種不正確金錢觀念和行爲，我一一列出解決方案和建議，同時爲莉莎建立新的金錢和富足觀念，也讓她看見自己是如何在沿襲父母的信念和行爲，這些已經不適合她與她的孩子，可以放手了。

莉莎在上課後的第二個禮拜，終於下定決心把兩個孩子送去托兒所，讓她能夠專心開創新事業。莉莎很聰明又非常努力學習，短短六週的課程學習，即賺入三倍的月營業額。接著，在完成個人財務報表，一目了然自己的收入、支出、資產、負債，並重新設計事業模式後，莉莎的金錢能量不斷的增進，客戶不斷的進來，連她自己都感到不可思議。

上完課三個月後，她告訴我月營業額已經是過去的六倍了。此外，她也療癒了和父母之間的關係，不再回去跟媽媽拿錢，盡量和媽媽保持正面的能量來相處。

三年後她和當時的先生離婚，後來遇到一位心靈伴侶，莉莎帶著兩個孩子一起搬到加州居住，她有能力為自己購買新車，為孩子提供更好的居住環境，現在的她，不但賺入渴望的年營業額，連健康、事業和親密關係都達到了自己的願景，同時，內在也擁有了「富足感」，這就是金錢平衡的狀態。

金錢平衡的狀態是當我們的內在擁有一種「富足感」，這時快樂的感覺會油然而生，內心的金錢恐懼才會消融。我所謂的富足是一種生活狀態，富足不光指財富上的豐盛，而是在人生的整體性，包括關係和健康上，都達到平衡時，我們的內心才會產生富足的感受。

財富富足的生活，又是怎麼樣的狀態呢？當清楚自己的天賦和專長，開心的工作，運用它們創造豐富的金錢，再使用賺取來的金錢去實現人生夢想，體驗和學習各種事物，同時規畫好財務，對於未來充滿熱情和期待時，就是財富富足的生活！

第2章
金錢的身：金錢，喜歡腳踏實地的感覺

我們處於這個充滿變動且無常的現代社會，而金錢是在社會中的通行令，因此財務規畫不僅僅是管理金錢的一種方式，更是每個人在一生中是否能夠實現富足和享受生活的關鍵因素。

2-1 有覺知的財務規畫

當我們開始學習認知自己是如何看待金錢之始，清楚的梳理出當下的財務狀態理當是第一步，但卻有非常多人想要忽略這個步驟，因爲我們太習慣和金錢相處，總是直覺式的賺錢和花錢，如果有多餘的錢就存下來，反正底線就是不要有負債就好。如果是以這樣的心態看待金錢，往往不只是財務狀態一團亂，內在對於金錢也會不自覺的升起焦慮和匱乏的感受。

「有覺知的財務規畫」比起一般的理財更為人性化，這是一套將財務規畫融入金錢心理學的理財方式。從財務報表的數字中，可以看出自己所做的每個財務決定，背後的金錢信念究竟是什麼，也可以從這些數字充分了解自己的人生價值觀和目標。我們在每個不同的人生階段中，擁有不同的目標和夢想，所以有覺知的規畫和調整一套讓自己活出高品質且眞正喜悅的財務系統，對於每個人都是必備的生活技能。

當我在引導學生們正視自己的金錢焦慮議題時，我發現無論是哪個國家的學生，都好懼怕去面對財務數字。但事實上，**我們需要隨時清楚的知道自己在收入、**

支出、資產、負債的數字，才能和金錢建立第一步良好的關係。人們對於未知有很大的恐懼，一旦對於財務上的數字不清楚也不願意去面對時，那個自己創造出來的金錢恐懼就會一直被放大。

當學生們依據我的引導而眞正的去面對財務數字之後，才知道自己有金錢不安全感的部分原因，在於過去一直都像隻鴕鳥，把頭埋在沙裡，以爲不去面對財務整體狀態，財務問題就會消失。其實只要移除這種「眼不見爲淨」的鴕鳥心態，勇敢的面對財務數字之後，就會開始眞正的愛上金錢。

2-2 通往財富之門：財商思維

財富自由幾乎是每個人夢寐以求的生活狀態，因爲經濟獨立之下，我們對於工作的選擇性、夢想的實現、生活的品質與方式，就不會再因爲金錢的壓力而有所犧牲。然而要達到財富自由之門，首先需要建立和學習「財商思維」，它可以幫助我們清楚的理解投資理財的重要性，理性的思考和判斷財務選擇，尤其是當我們面臨金錢挑戰時，能夠洞悉當中的陷阱與利弊，做出正確的決定，避免不必要的財務焦慮。

財商思維的核心元素包含了理財、投資、如何提高收入、如何還債、學習正確金錢信念、學習檢視消費行爲，我統稱爲「金錢語言」。對於財務和數字比較生疏的人，也許會對於學習金錢語言心存排斥不知從何下手。但恭喜你已經開始藉由這本書來學習和熟悉金錢語言了！書中的三本金錢心靈帳簿，將引導你由淺入深的建立整體的財商思維，這樣一來金錢語言就不再是天語了。

克莉汀是我在美國從事金錢心靈工作的第一位美國學生，當時四十六歲的她雖然有一份安定的工作，但仍對於金錢很焦慮，一方面是因爲她當時的舉債總額高達一百萬台幣，同時也因爲在工作上多年升遷不上去，薪水無法應付每月支出和債務，而有金錢焦慮的狀態。

克莉汀的成長環境很單純，和父母的感情很好，她的父母在金錢管理上很有責任感，從沒有讓克莉汀爲金錢煩惱。克莉汀從大學時期就很幸運地以獎學金和當助教獲得生活費，在念完博士學位之前，學校工作是她唯一接觸過的職涯，所以當她念完博士學位開始工作時已經三十六歲了，可以說是完全沒有社會上的工作經驗。

雖然她在畢業之前就已經幸運的被聘請到亞特蘭大州的一所大學教授歷史，但由於沒有太多工作經驗，加上她有先天性腎臟衰竭的疾病，第一份大學教書工作讓她倍感壓力，因而得了恐慌症。

當時克莉汀尋求瑜珈和靈修來幫助她解除壓力，這原本是一件好事，但很不幸的是，她被這家全國連鎖的瑜珈／靈修中心，以洗腦的方式去貸款參加了一些很昂貴的課程，因而積欠債務高達一百五十萬台幣。事後克莉汀非常自責，她的父母親也因爲不忍心她債臺高築，而幫她還了五十萬台幣。當克莉汀來上課時，她深信在往後十年內，自己都必須省吃儉用償還剩餘的這筆債務。

在上課過程中，除了引導克莉汀以「金錢潛意識療癒」來改變她的金錢信念和行爲之外，我還教導克莉汀「有覺知的財務規畫」，包括：預算表／收支表／資產負債表。當時她的債務分別在兩張高利率的信用卡中，就如同大多數舉債的人一樣，她甚至對於當時的債務本金餘額、利率、還有還債期數的資訊都渾然不知。

首先，我請克莉汀打電話給信用卡公司一一查詢這些資訊，得知她的債務利率高達一五％和九．六％之後，我請她搜尋其他低利率的信用卡，將這兩筆高利率債務轉移到低利率信用卡公司。

克莉汀很用心學習財務規畫，雖然對她來說有如天書，但是她下定決心要改變自己的財務狀況，所以勇敢的去面對過去的債務和消費行爲。最終，幸運地把一五％高利率的債務轉到〇％利率的州政府貸款機構，然後我以財務專業幫助她分析該如何調整還款金額和期數，原本以爲十年才能還清的債務，她在四年內就已經無債一身輕了。

不只如此，上完課的一年後，克莉汀的工作職務被晉升爲主管，薪水大幅提升，原本完全沒有存急備金的她，也在一年內存滿急備金。一直到去年我私訊她時（十二年之後），她已經有足夠的財富退休了。

第3章 金錢的心：認識金錢心理學

有些學生曾經沮喪的詢問我，為什麼明明想要賺大錢，但是賺進來的金額都很小？以我多年的金錢潛意識療癒經驗，通常有這類金錢疑問的人，大多來自於頭腦以為非常渴望賺大錢，但內心卻懷疑自己是否有能力或配得上賺大錢，或者賺大錢這件事其實並非是他內在所渴望的事，而是隨著社會標準和輿論所設下的人生目標。當我們的頭腦和內心起衝突時，外在的顯化力量就會削減。

3-1 金錢潛意識療癒法

如果想要深入了解自己在金錢上的議題，應該從認識人的金錢心理如何運作開始著手。

人的行爲大多來自於成長過程所累積的信念，「信念」是一種潛意識的心理狀態，經由大腦學習這些信念之後，進而形成行爲，最後展現成日常生活中的習氣。我們的信念在五歲之前就奠定了，例如在五歲之前，看見媽媽的皮包裡總是不夠錢買食物，買我們想要的鞋子（物質），那時五歲的我們看著媽媽爲了錢討生活的樣子，這個記憶會無意識的植入潛意識裡，形成「自己是窮人」的信念，而相信口袋裡永遠沒有足夠的錢。

人類喜歡熟悉感，所以長大之後很自然地去追求那個小時候很窮的熟悉感，因爲在潛意識裡我們覺得這樣很安全，即使那是負面的信念。如果沒有深入潛意識中看到這個「不敢賺太多錢」的信念根源，而只是用頭腦強迫自己去工作賺錢來彌補貧窮長大的自己，在這樣的信念狀態下所顯化出來的金錢通常都不會太多，這就是大多數人不自覺的自我信念限制。

金錢潛意識療癒法是透過人的心理狀態，有效率的引導、諮詢、療癒人的負面金錢信念和行為。美國腦神經權威醫生卡羅琳．利夫（Caroline Leaf）指出，人的行爲展現程序是由意識（Mind）→大腦（Brain）→身體／行爲（Body）。也就是說，如果我們要改善自己的金錢行爲，需要從潛意識裡去挖掘出負面信念的根源，然後從大腦建立新的正面信念，那麼金錢行爲自然而然就會改變，金錢問題也就迎刃而解。

我們的腦神經系統有「神經可塑性」（Neuroplasticity），大腦經過學習後，能夠被改變和重塑。當我們不斷的練習一件事情，經過一段時間之後，腦神經迴路會被鞏固，而創造出新的慣性模式。人的大腦就如同一部電腦，裡面的軟體需要常常升級和更新，如果電腦有病毒，運作就會變緩慢，而我們的大腦也是一樣，負面的信念和情緒就是大腦的病毒，會讓整個人的思考和行動力緩慢下來，人生開始變得困境重重。

我們目前在金錢和財務上所發生的問題，比較像是一個病症，而不是病源。就如同當我們頭痛時去找中醫師治療，中醫師會告訴你頭痛是因爲工作壓力而導致肝經絡的氣血阻塞，並非頭腦裡有問題。頭痛是病症，肝經絡阻塞才是病源。而我就像是一位金錢心靈醫師，當學生來預約上課時，他的金錢問題可能是想改變花錢無度或負債累累的金錢行爲，這個行爲其實只是一個病症，而眞正的病根有可能是因爲他的父母有相同的金錢行爲，而他從小就依樣畫葫蘆地模仿父母的行爲。

金錢潛意識療癒的核心是**「原生家庭的金錢療癒」**，有兩個重要的引導和療癒方向：

第一，引導學生回溯整個成長過程的金錢經驗和記憶，藉由回顧父母的金錢信念和行爲來當成一面鏡子，投射出自己目前究竟從父母的身上沿襲了多少同樣的信念和行爲但不自知，這是目前存留在潛意識裡最大一部分的金錢信念，也是影響財務行爲的主要原因。

第二，每個人來這一世，都有與生俱來的獨特個性，這是潛意識裡的前世記憶，它會影響我們如何解讀環境周圍的人事物，而建立出自己獨有的金錢信念。這也是爲什麼當一個家庭中有眾多的兄弟姊妹時，雖然他們都生活在相同的環境之下，也擁有相同的父母，但是長大之後的金錢信念卻往往不盡相同的原因。

美貞在中學時，家中的經濟狀況因父親經商失敗，從小康轉變爲負債累累，於是父母決定將家中的三個女兒留在台北獨立生活，由十七歲的大女兒來照顧兩個妹妹，而父母兩人自行到外地做生意賺錢。三個女孩的生活費少之又少，大姊為了讓十歲的小妹可以吃營養的食物，自己辛苦地一邊兼差一邊上課。但不料父母在五年之後，還是收起虧損連連的事業，回台北和女兒們團聚。雖然父母回家團聚本應開心，但美貞的金錢惡夢從來都沒有消失過。美貞從大學畢業後，由於父親身體不適和情緒消沉無法工作，母親一人扛起龐大債務，使得美貞長年下來，需要一同負起償還債務的責任，金錢對美貞來說，像是甩不開的影子。

在這樣經濟狀態破碎家庭長大的三姊妹，長大之後與金錢的關係卻全然不同，姊姊後來當上醫生，對於金錢用度大方，對家人也非常慷慨。美貞長大後成為一位很成功的律師，但對於金錢一直存有恐慌情緒，即使賺取到相當的金錢，卻不敢花用，深怕再回到過去貧瘠的生活。而小妹從很小就經歷家中困窘的經濟情況，受到的負面影響最為嚴重，由於金錢上的匱乏，以及父母無力供應她就讀所喜愛的音樂系大學，對她的心理上造成傷害，因而產生對金錢的不重視和不信任，大學畢業後一直留在家中當躺平族不願工作，由兩個姊姊資助她。

三姊妹雖然成長於同一個家庭環境，但由於她們獨特的個性，而對金錢有不同的解讀，這兩個元素的加總，決定了日後三姊妹不同的財務命運。

3-2 導正不自覺的負面金錢觀

生活在這個瞬息萬變的世界中，金錢行為發生在國與國之間、國與人民之間、企業與員工之間、和個人的關係之間，它影響著我們的生活品質、人際關係，甚至身心健康和情緒。然而，我們很少有機會學習正確的金錢觀念，只是依憑著父母和社會的金錢教育和價值觀來看待金錢，有時會陷入不自覺的負面金錢習氣，而這些習氣讓我們在日常生活中感到焦慮、不安全感，或者引領我們走入不健康的金錢追求道路。

有覺知的檢視自己目前的金錢觀念，是改善金錢心理健康和財務狀態的最好方法。當我們在人生中遇到困境時，大家總會說要「轉念」，但是如果我們不知道自己的觀念卡在哪裡，「轉念」的力道就會出不來。

我整理了以下十個「看似正面」的金錢信念，大多數人陷入這些觀念的陷阱，而做出負面的金錢行為，所以一直在金錢迴圈裡打轉，理不出頭緒來梳理金錢和人生的議題。

一、唯獨有錢才能讓我過得更好

這可能是最多人持有的金錢觀念，雖然金錢在現代社會扮演著非常重要的角色，但它絕對不是衡量生活品質和幸福指數的唯一標準。金錢的確可以滿足我們在物質上的需求，但是它無法解決我們的內在對於幸福和愛的問題根源。

大家很喜歡說這句話：「錢不是萬能，但沒有錢萬萬不能。」不過近年來的研究報告指出，只要是中產階級以上收入的人，快樂和錢是沒有絕對關連的。收入的增加並不會降低憂鬱症或各種關係的問題。除非是非常貧窮，無法照顧自己的生活所需，否則金錢並不會改善人生中所經驗的痛苦。

快樂不在於你有多少錢，如果我們認爲目前的痛苦來自於收入的多寡，那證明了自己其實還沒有眞正找到痛苦的根源。相反的，有時擁有更多的錢，才是造成痛苦的來源。因爲我們可能已經把金錢看成人生中快樂與否最重要的因素了，這樣一來只會把時間用在不斷的追求金錢上，而忽略了人生中其他重要的人事物，實在可惜。全面性的發展人生各個層面，內在的幸福感才會呈現滿溢的狀態。

二、錢會傷害我，需要遠離

「錢是不好的」這個觀念大多來自於成長過程的金錢經驗和記憶，尤其是如果父母本身曾經被金錢事件傷害過，會以這些負面的金錢觀念來教導孩子遠離金錢，而孩子長大之後和金錢的距離自然就會很遙遠。

有些人認爲有錢人都是貪婪的、膚淺的、不快樂的、無感覺的，所以他們不只討厭有錢人，自己在無意識下也不敢成爲富裕之人。我的一位學生在小時候，因爲新聞時常報導綁架孩子來勒索金錢事件，他的媽媽經常灌輸他不能成爲有錢人，否則會被勒索。這個陰影讓他長大之後在工作上也不敢要求升遷，深怕自己賺太多錢，但又非常渴望發揮自己的天賦和專長，賺取更多收入。兩種不同的信念在他的內心打架，讓他在工作上開始沒有動力，卻不知道自己的問題出在哪裡。

有些人認爲金錢會帶來傷害，是因爲現代社會的工作壓力很大，由於父母沒有時間陪伴孩子，就以金錢作爲賠償。這個行爲很容易讓孩子學習到只要有錢就沒有愛，有愛就沒有錢。長大之後爲了擁有愛，不管在親密關係、親子關係或人際關係上，也會理所當然的用錢去買愛，或用錢來控制愛，結果適得其反。

三、我不配得到錢

有這種金錢信念的人可能是因爲金錢來源不是自己以正當的管道賺取，例如，男人養小三，小三雖然在金錢上不虞匱乏，總是光鮮亮麗，背名牌包開名牌車，但因爲自我尊嚴和價值感低落，常因內在對自己的人生狀態感到厭惡，而不敢保留這些錢，往往一拿到錢就情緒化地花光，不僅無法眞心享用金錢，也存不了錢。

此外，「我不配有錢」的這個信念，也常出現在身心靈界的工作者或藝術家身上，如果他們不確定也不認同自己工作上的價值和天賦，在經營事業時，對於定價、收費或做財務上的決策時，潛意識裡會企圖告訴自己不夠好，所以不敢收取與自己付出相對等的金錢，而產生財務短缺的問題。

四、我値得花錢

我們當然都値得花錢，努力工作之後，把錢花在自己或所愛的人的身上，讓金錢自然的流進流出，這是健康的金錢觀念。但是如果過分的擴大這個信念時，就會認爲自己獲得無法負擔的東西是理所當然的事，以致於負債累累，形成一個傷害自己財務狀態的想法。

曾經有位學生來上課時已經刷爆信用卡，累積了不少債務，諮詢之後才知道他先前上了一個金錢課程，老師提倡「越花越有錢」的金錢觀念，當時的他爲了實踐這個理念，用信用卡貸款買下很多他認爲自己值得擁有的商品，因而陷入更深的財務問題。

有些人提倡「越花越有錢」的金錢信念，是爲了解放那些對於金錢有強烈自我限制的人，試圖打開金錢能量，但這個理念並不適用於每個人。如果用在沒有學習過財務規畫和金錢正確觀念，加上使用金錢意志力薄弱的人身上，「越花越有錢」這套理論只會讓他們陷入更大的金錢漩渦和更多的負債。過與不及的金錢行爲，都是導致財務問題之所在。

五、我的錢永遠不夠多

有些人會以銀行存款數字來決定自己的金錢安全感，但究竟什麼數字才能達到金錢不匱乏的安全感呢？人的物欲總是跟隨著銀行存款增加而膨脹，賺越多花越多。即使達到自己所訂下的財務安全數字，大多數人仍會再次提高這個數字的金額，來讓自己獲得更高價位的物質。**金錢匱乏感是一種心理議題，和銀行存款數字沒有絕對的關係。**

那是什麼原因導致自己覺得金錢永遠不夠多呢？這和成長過程的金錢經驗有很大的關連，可能是從小看著父母欠債而被看不起，所以在潛意識裡想要擁有更多錢來提升自己的社會地位。或者是因爲成長在貧困的環境，也有可能家裡世世代代都是窮苦的，所以內心深處藏有不足和匱乏的挫敗感。這時金錢就會成爲他們人生前進的動力，一輩子無意識地拚命賺錢，甚至不擇手段的賺錢和囤積金錢，但永遠覺得不夠。

事實上，除非有覺知的去療癒自己內在長期匱乏感的根源，開始認知自己的人生核心價值，然後尋找到自己的人生方向之後，這個「永遠不夠多的金錢信念」才能夠連根拔起。

六、我總是有足夠的錢花，不必改變花錢行為

這個金錢信念乍聽之下好像沒什麼問題，卻是造成一些人在金錢心理上產生偏頗的主要原因，而延伸出許多人生的議題。有這個信念的人可能來自於富裕的家

庭，通常他們習慣於得到任何想要的物質，財務上不虞匱乏，所以極少覺察自己的金錢行為，而且經常擺出有錢就是老大的姿態，卻不知道自己正在使用金錢來控制他人，同時自己內在也無法信任他人是真心對待自己，所以常常懷疑人生。

有這個信念的第二種型態的人，可能是對於工作賺錢的興趣缺缺，雖然口袋裡沒有太多錢，但當他們需要錢時，就會有人伸出援手解決當下的金錢問題。這些人因為在潛意識裡認定總會有人出現來拯救自己的財務問題，所以根本不會去思考該改變自己的負面金錢行為這件事。

小娟的妹妹畢業於國立師範大學，有能力在學校謀職，但卻堅持不想工作賺錢，而賴在家裡無所事事。因為只要她需要錢時，小娟和哥哥會主動支援小妹。然而這樣支援一個不為自己人生負責的人，並非在展現愛，反而阻礙了妹妹發展自己的潛能和尋找人生熱情與方向的助力。

七、錢對我來說不重要

一些宗教和身心靈工作者會存有這樣的金錢信念，他們認為錢無法帶來快樂、愛和歸屬感，而追求內在平靜和精神層面才是重要的，所以不想談論金錢相關的事宜。或者一些長期處於經濟困境的人，在潛意識裡對於金錢有所恐懼，對於金錢也藏有排斥的心態。我們都不可否認在現代社會中，金錢是交換物品和服務的價值代幣，具有不可忽略的角色。當有些人刻意塑造「金錢是不重要的」觀念時，潛意識裡也會抗拒面對金錢和人生所造成的壓力。相反的，如果以正向的角度來看待金錢，理解金錢可以在這個世界創造出的福德，以正當的心態來創造金錢，就能爲自己和這個世界帶來正面的循環。

我的服務對象有不少身心靈工作者，他們對於自己的天賦和工作有很大的熱情，眼中總是閃爍著光和愛，但卻無法經營這個自己所愛的工作，因爲常常無意識的說出「金錢不重要」這樣的話，或者感覺金錢很俗氣，不該談錢。信念就是能量，這樣的能量通常會吸引到只想上免費課程的學生，或者已經報名付費課程卻不繳學費的學生，或者報名課程卻不來上課的學生狀態。

我們的信念是一個強而有力的磁場，總是立即創造實相，當我們摒棄金錢之際，金錢也會立即摒棄我們。

八、金錢就是我的人生意義

金錢無法給予我們它原本就沒有的東西，例如快樂、平靜、美好的關係或歸屬感，但金錢也許能幫助我們讓這些事情發生，所以它只是一個生命中的工具，如同鐵鎚對一個木工來說，當木工善於利用鐵鎚，他能做好一個美麗的櫃子，而金錢也一樣，當我們善用金錢，可以讓自己達到財務上的自由過高品質的生活，可以幫助別人走過困境，可以從事人生中有熱情的興趣。

但當我們不善用金錢時，或者以負面的眼光去看待它時，金錢對於我們的人生就沒有意義了，反而會成為傷害我們的健康、關係、生命的元素，帶來意想不到的因果業力。

九、談錢是一件不好的事

雖然社會新聞時常報導金錢相關的事件，但在社交聚會中，談論金錢卻還是大部分人最忌諱的話題。在公共場合裡，大家寧可談論有關性的秘密，也不想談論有關金錢的議題，因為自古至今，我們把錢和自己的價值畫上等號，深怕觸及有關金錢或工作的難處或好事，他人會對自己懷有異樣的眼光。因爲以這樣的心態在看待金錢，所以有不少人在人前或多或少會虛僞地假扮自己很有錢或很貧窮。

當我們不敢談錢時，對於創業者或業務員會是一個致命傷。我有一個眞實案例，一位學生是保險業務員，他的業務口才不錯，理當業績很好，但卻正好相反。當我們進行金錢療癒之後，我才發現他不敢談錢，更不敢跟客戶收錢，所以即使整件保險案子都談好了，唯一無法成交的原因就在於，他不敢打電話去跟客戶收錢這件事，所以業績很差。

另外，婚姻上也常常發生夫妻拒絕談財務，或者一談財務就吵架的狀況。我教過不少已婚學生都有這個婚姻問題，他們不敢讓伴侶知道自己的財務狀況，所以彼此猜疑對方的存款，內心也經常記恨著自己在婚姻中付出的金錢多過於伴侶。如果我們在婚姻中不願意去談論和學習金錢這個主題，就會限制夫妻彼此一起學習和成長，更難跟孩子分享自己的金錢經驗，孩子也就無法在金錢智慧上有所學習。

十、假如我做對的事，宇宙就會給我足夠的錢

大家都知道在宗教上有一個很重要的信念就是：種下善的種子，才能開出好花

來。布施是一件很棒的福德，但是需要先確認自己在金錢上布施的起心動念，和財務規畫上是否平衡。有些人拿大筆金錢做善事，但其實自己的財務已經非常吃緊，或者負債累累。在這樣的財務狀態下捐錢布施，如果目的是爲了祈求神給予更多的財富，由於祈求者的內在有太多的焦慮情緒，以能量場來說很難共振豐盛的賜予。

即使神眞的因爲你的布施而賜予你更多的財富，而你並沒有改變自己的負面金錢信念和行爲，這些金錢也會很快就被揮霍殆盡。有一位美國樂透得主，因爲在獲得龐大的財富之前，經濟狀況非常差，也從來沒有學習過如何規畫財務，所以他把中樂透大筆的錢財給予孩子和孫子，自己也盡情的購買高級品揮霍無度，來彌補一輩子以來的窮困潦倒。結果不到五年的時間，他已經用盡了幾百萬美金，其中一個孫子因爲吸毒身亡，另一個孫子也因爲金錢糾紛而身亡，整個家族因爲獲得這份中樂透的巨額獎金而家破人亡。

金錢的價值在於幫助我們能夠擁有更美好的人生體驗，例如旅行、上課學習、擁有優良品質的居住環境、幫助他人、實現夢想等等。只要不斷的學習財商思維，覺察自己的金錢潛意識信念，改變負面金錢習氣，富足感就會不斷的湧現出來，生活本身就是一種愉悅。

第4章
金錢的靈：不可不知的金錢能量

我對於「金錢能量」的定義是指一種能量或頻率，它會影響人在吸引金錢、工作、貴人、機會的流通性。

4-1 影響自己與金錢之間的五種能量

很多人將金錢能量和愛的能量畫上等號，對於這個理論我不甚贊同，因爲這樣的理論容易導致人們把「金錢」和「愛」混淆在一起，而造成「如果你愛我，就應該給我錢」的假象。我引導過的女性學生當中，有些人在小時候曾被媽媽耳提面命的教導：如果以後交男朋友，男方出門不付錢或不買禮物，就表示不是眞的愛你。學生們因爲看不清金錢和愛的眞相，在親密關係中常爲了金錢而誤解對方或爭吵。

金錢本身沒有好壞對錯或愛恨情愁，金錢是非常中性的東西，每個人對於金錢有不同的看法，是來自於本身的金錢經驗和記憶。事實上，凡事都是中性。就如同我今天和朋友去逛街，朋友看到一個包包，眞心覺得這個橘色包包好美，而我卻覺得好醜。這個包包本身並沒有美或醜的定義，而是我和朋友對於美醜的認知有所不同，有自己主觀的看法。我們看待金錢也是同樣的道理。

過去十二年我研究和體驗金錢能量的過程中，歸納出五種能量最能影響人與金錢之間的關係：

一、潛意識的金錢信念

信念就是一種能量，這也是「吸引力法則」的觀點，我們的思緒和情感的展現會投射出物質世界的實相。依據量子力學，意識的振動會產生能量，而這個能量會引動宇宙能量。所以存在於我們潛意識中對金錢所累積的信念，就是影響我們富足與否的最大元素。

當我們的內在堅信自己配得上財富和成功時，在行動上就會反映出積極追求這個信念的行為，吸引到貴人和機會。當我們的意念聚焦時，如果是正面的思緒，則產生成功的結果，反之，則走向負面的實相。有不少人在計畫人生中的事情時，總喜歡以「做最壞的打算」來思考，以量子能量場顯化的原理來看，這樣的思維模式很難達到事情最高峰的結果。

二、祖先金錢業力

祖先金錢業力其實就是家族金錢輪迴，我們最常看到的家族金錢輪迴就是，阿公窮、爸爸窮、孩子窮、孫子窮，這股傳承的家族金錢能量非常強大。為什麼會有祖先業力輪迴呢？那是因爲沒有任何一代的人停下來檢視自己的金錢信念和行爲。我從引導數千位學生做金錢潛意識療癒的臨床經驗中看到一個現象，那就是每個人都或多或少沿襲到父母的金錢信念和行爲。

所以如果眞心想要擺脫家族的金錢舊習氣，就需要仔細的去對照自己和父母／祖父母之間的金錢信念和行爲模式，究竟有哪些信念是自己已經沿襲了而渾然不知。不過因爲這些舊習氣早就深入細胞記憶和嵌入腦神經中，自己比較難看到這些家族輪迴的盲點，由專業引導師來協助，可以比較容易挖掘出這些已經生根的家族習氣。

三、社會集體意識

意識也是一股能量。我們每個人的金錢信念，除了沿襲自家庭以外，當然也會受到社會集體意識的金錢信念影響，就是所謂的「社會價值觀」，例如以金錢和社會地位來衡量一個人的價值，或者以金錢多寡來選擇職業，而忽略自己的感受和天賦。

如果我們相信這樣的社會價值觀是正確的，很容易跟著大眾汲汲營營的追求金錢，而對於自己的人生價值和意義沒有任何想法，這也是造成大多數人會有「賺錢很辛苦」的金錢信念來源，因爲不是爲了自己的夢想和熱情而活，工作賺錢就會很累。我們從小就被大人灌輸要努力念書考上好學校，將來才會有好工作來賺取更多錢。這是一個根深蒂固的社會價值觀，但卻不是一個正確的金錢觀念。因爲每個人來這世的資質和天賦不同，並非人人都能通過學校體制而存活下來，而這些在校成績不甚理想的孩子們，在學期間被親人和社會所排斥，產生自我價值感低落。

日本商業大亨稻盛和夫小時候是後段班的孩子，但他的媽媽從來不會因此責罵他，反而讓稻盛和夫依照自己的方式學習。一直到他出社會開始工作之後，事實證明他是一位善於研發產品，且堅持善待他人的成功企業家，他只是不善於學校考試制度而已。

跳脫集體意識的洗腦方法，就是訓練自己的獨立思考，了解自己獨特的人生價值觀，才能爲自己活出喜悅和豐盛的人生。

當每個人的意識都轉換爲正能量，自然就會帶動社會集體意識，甚至國家、世界、地球、整個宇宙，成爲善的正能量循環，所以不要小看自己蛻變的力量喔！

四、本身的能量磁場

身體內外的能量乾淨度會影響我們的意識層次。當我們的能量場處於污濁的狀態下，思緒很容易鬼打牆，無法清晰的做出判斷或想出人生問題的解決方法，進而做出錯誤的決定和選擇。

清理自己的能量場是每日必要的工作，清理能量的方法有很多種，例如每天練氣功或能量功法，是比較深層的能量清理方式。使用一些特別的精油像是松、杉樹來清理能量也是不錯的選擇，不過精油的能量清理深度和時效比較短，需要定期使用。聲音療癒是近十年來流行的自然療法，我經常使用頌缽的音波來清理七個脈輪和整個身體的能量場，效果很好。

另外，對於自己接觸的人和環境需要有覺察，如果感受到周圍的能量場很負面和混濁，最好有覺知的把自己隔離開來，否則我們的能量場也會受到別人負面能量的干擾。像是我在捷運上如果感覺到身邊的人能量不是很好，會盡快的移到其他車廂。

五、金錢情緒

情緒也是能量的一種。**金錢情緒是指在日常生活中，因為發生和金錢相關的人事物而勾出的情緒。**舉例來說，小美在工作場所很容易因爲別人反駁她的建議而生氣，小江和客戶談價格時總會有焦慮的情緒跑出來，或者當小雄的伴侶希望一起談家裡的財務問題時，他會有憤怒的情緒跑出來，這些都是金錢情緒。大部分的金錢情緒都是和成長過程的金錢經驗有關，這些過往的金錢創傷記憶會存留在潛意識裡，長大之後只要有人做出類似的行爲，都會牽引出情緒。

小君從小就生活在重男輕女的家庭中，哥哥弟弟總是可以擁有想要的禮物和零用錢，但是自己就會被父母忽略掉，在自己的想法和渴望沒有被長輩尊重過的成長過程中，小君的內心總是充滿氣憤和不滿的情緒。因爲過去有這樣的創傷經驗，所以長大之後在工作上只要有遇到不被人尊重的類似情境發生，都會牽引出小君的情緒，而對上司和同事不自覺的以高情緒化來進行溝通，導致在職涯上總是很難升遷，和同事之間也保持著距離。

當我們常常受困於情緒，很容易得罪人，人際關係不好，工作和事業不順利，財務發生問題。情緒，是一個隱形的金錢殺手，卻很少人知道。後文，我將告訴讀者朋友們，如何自我覺察金錢情緒。

4-2 金錢情緒覺察與釋放

金錢在我們生活中的各個領域都扮演著重要的角色，所以金錢延伸出來的情緒涵蓋很廣，包括快樂、焦慮、恐懼、滿足……等等。由於金錢情緒來自於成長過程的金錢經驗和記憶，每個人的金錢情緒爆發點都不同，不過金錢情緒對於財務、心理健康、人際關係有很大的影響，所以學習金錢情緒處理和覺察，我認爲是每個人的必修課程。

金錢和情緒之間的複雜關係

我們的金錢能量常常卡在情緒體的不平衡，所謂的情緒體是指人的情緒狀態與情感體驗，代表著自己對於外在世界的感受和看法。金錢和情緒之間有著相互影響的複雜關係，當我們的情緒體不平衡時，內心深處會有著深層的憤怒、悲傷、嫉妒、不滿，情緒波動的狀態會影響到個人的財務決定和選擇。例如有些人在情緒壓力下，會以消費購物來減壓，或者做投資決策時，會讓自己情緒體裡的情感出來左右決定。所以學習情緒管理可以幫助人們減少金錢和財務上的問題。

情緒最常影響金錢上的問題如下：

1. **購物／飲食／酗酒上癮**：因爲生活中某些事件的發生，牽引出內在大量的情緒時，也許是憤怒或悲傷的情緒，人們通常在這樣的狀態下會想要快速的彌補內在的匱乏感和撫平情緒，開始以購買平常自我限制的物品或行爲來滿足自己，導致金錢快速的流失。

2. **錯誤的財務判斷**：我們日常生活中經常需要做財務上的決定，從最簡單的買菜，到複雜的投資和創業，如果經常處於高情緒化的人，很容易在情緒下做出決定，往往最後的結果都不是自己內心想要的。

3. **人際關係的破裂**：如果在工作或事業上，常因爲與同事或合作夥伴之間的意見不合而暴怒，使用情緒化的溝通方式來對待他們，在工作上就容易得罪上司和同事，而很難升遷加薪；在事業上因情緒而得罪顧客或廠商，營業額必定也會受到很大的影響。

我發現阻礙大多數人無法成功賺取金錢或達到夢想目標的主要情緒是來自於

「恐懼的情緒」。恐懼的情緒所散發出來的金錢信念包括：

- 害怕過去的失敗經驗，導致未來也失敗。
- 害怕未知的未來，所以不敢走出舒適圈。
- 害怕沒面子。
- 害怕輿論。
- 害怕自己的能力不足。
- 害怕用盡所有存款去實現夢想，但沒有成功。

當我們無時無刻與恐懼情緒連結時，行動力就會萎縮，這也是爲什麼很多人的頭腦想要達到成功的夢想，但卻沒有動力去執行的原因之一。情緒起伏不定的狀態對於工作、人際關係、親密關係、親子關係都會造成負面的影響。以金錢來說，情緒不穩定的人容易放棄機會和錯過貴人，也容易得罪人，甚至發生犯罪事件。所以當我在幫助學生們了解自己的金錢議題之際，覺察情緒是貫穿整個金錢潛意識療癒的主軸之一。

金錢情緒的認知與覺察

療癒金錢情緒需要從學習情緒覺察開始。「覺察」的練習不只是在金錢上面而已，人生的每個面相，都需要在「覺察」上下功夫，才能敏銳的了解自己，有所成長。

每個人都有覺察的能力，許多人無法覺察的原因是「頭腦太過忙碌」，我們習慣汲汲營營的過日子，做著固定的工作和過著相同的生活模式，所以很少人會透過「心」來看人生中的細節，如此一來就無從覺察起。我相信大家都有這個經驗，我們每天早上刷牙，這已經是從小到大的習慣，所以當我們在刷牙時很少專注在刷牙這件事的當下，只是手在動，而頭腦的思緒早已不知道飛去哪裡。這導致有些人刷牙時不小心拿洗面乳來當牙膏，或者刷完牙之後幾分鐘，突然驚醒過來問自己：我剛剛刷過牙了嗎?這是因爲我們很少活在當下。

學習覺察情緒對於我們的人生來說是無比的重要，所以先來淺談覺察情緒的三要件：

一、活在當下

如果無法專注在自己當下的所言所行所思，覺察就無法發生，因為**所謂的覺察，是觀照每個時刻在生命中所發生的事，和自己的身心靈狀態**。我有不少已經是當媽媽的學生，她們最大的煩惱就是每天早上因為自己忙著思考千百件事，但孩子吃飯總是慢吞吞，而延誤上學上班的時間，因此媽媽學生們總是對孩子大發雷霆，每天早上都在情緒中度過。當我請這些媽媽們在日常生活中開始學習覺察自己是否活在當下，專注於當下所做的每一件事時，她們給我最大的回饋是，當她們慢下來和孩子一起吃飯，沒有胡思亂想的思緒時，心就不再急躁，這時孩子反而能夠按時完成早餐，很少再上演情緒爆發事件。

二、不批判

不管是覺察自己的身語意，或者覺察身邊的人事物，我們在當下看著、聽著、感覺著正在覺察的事件之際，就讓這個覺察發生就好，就算覺察的過程引起自己的反感，這時只要觀察著自己的情緒和正在發生的人事物，不批判自己，也不批判正在進行覺察的人事物。**練習覺察是為了看見人生的真相，而不是找出你錯我對的結果，那反而會產生更多的內在情緒，**這不是練習覺察功夫的意義。

三、認知到情緒就夠了

我們的情緒一定是從內心不受控的升起，可能有什麼人事物點燃火花，觸動了細胞記憶，心就開始蠕動，或者身體的胃和肩膀開始僵硬，加上可能呼吸開始急促，所以覺察情緒最快的方法就是認知自己的身體感受和狀態。情緒爆發的程度會依照細胞記憶裡的創傷程度來決定，在日常生活中，如果無意間發生了一件事，例如你的房東告知你下個月的租金要調漲兩千元，你一開始是震驚的，然後內心的憤怒情緒不自覺地開始發酵。

如果有在練習覺察功法，你會覺知到這個情緒的降臨，去感覺它，接納這個情緒，而不是去壓抑它，也不要試著推掉你的情緒，因爲這股情緒的能量絕對大過於你能夠推開的力量，如果壓抑它，它會跑到身體裡的某個部分藏起來，最後就累積成那個部分的疾病。簡單的來說，就是有認知到情緒的出現就足夠了。

在覺察情緒的過程中，練習把注意力放在情緒的感受，調整自己的呼吸，或者出去走走，你會發現慢慢的不再和情緒那麼的靠近（時間的長短因人而異）。因爲情緒是一股能量，能量是來來去去的振動頻率，它不會永遠存在於同一個狀態。當你平靜下來之後，終於能夠有機會和自己的情緒面對面，再好好的去思考解決問題的答案。不管是金錢或人生議題的發生而產生出情緒時，一定要**「先處理情緒，再處理事情」**，如果在情緒下處理事情，往往會造成人生中不可抹滅的傷害，所以一定要遵從這個法則。

4-3 從脈輪能量來突破金錢盲點

二〇一八年初，我在因緣際會下深入學習脈輪能量，學習過程中，我發現七個脈輪的特質和能量，正好對應到不同的金錢特質和議題，因此在二〇一九年，我花了半年的時間研發和設計出第二套金錢牌卡：金錢脈輪卡。以七個脈輪能量來探討人在金錢的信念與行爲，還有情緒是如何受脈輪能量的影響，這是一套複雜的系統，但是能夠以脈輪能量狀態來引導人改變金錢盲點，或者逆之而行，從一個人的金錢信念來看出他的脈輪平衡狀態，進而同時改善兩者的議題。

我希望能夠藉由以下「脈輪能量的平衡狀態所產生的金錢特質」闡述，來幫助讀者覺察，進而改善自己的金錢信念和脈輪能量。練習檢視每個脈輪所描述的金錢特質，圈選出哪些是你目前的金錢特質狀態，就能夠更清楚哪些脈輪能量需要平衡。如果你已經學習脈輪多年，也知道自己脈輪能量，這些對應脈輪的金錢特質，能夠幫助你更精準的去改善負面金錢信念，或者善用正面的金錢能量。

第一脈輪：海底輪

位置：最後一塊脊椎骨的中央

平衡狀態的金錢特質：扎根於地球和物質世界，有生命力的追求夢想，對金錢和生命有安全感和信任感。

不平衡狀態的金錢特質：害怕金錢，對於人生感到無力，覺得金錢不重要，在人際關係上不受歡迎，對於金錢貪婪，購物慾強，過於追求安定而拒絕改變，過分囤積物質或金錢，做事缺乏彈性。

第二脈輪：生殖輪

位置：生殖器官底部所正對的脊椎處

平衡狀態的金錢特質：在工作或事業上能夠將情感和想法表達自如，不以情緒來待人處事，充滿熱情的創造產品和服務，親密關係上彼此願意討論和處裡財務。

不平衡狀態的金錢特質：在社交上冷淡無感，工作場合缺乏感情且對人封閉，待人處事過度情緒化而產生關係問題，過度依附親人和伴侶的金錢支援，對於人生缺乏熱情而無法負責任。

第三脈輪：太陽神經叢

位置：肚臍正上方

平衡狀態的金錢特質：對於自己有自信且能表現出能力，財務上理性思考判斷力強，執行力強且堅守紀律，善用意志力來完成目標。

不平衡狀態的金錢特質：做事被動有拖延症，財務上難以做決策，意志力薄弱只有三分鐘熱度，自我價值感低，以金錢控制他人，將自己的財務問題責怪於他人。

第四脈輪：心輪

位置：心臟（兩個乳頭的中間）

平衡狀態的金錢特質：敞開心待人處事，具有同理心來為他人著想，善於人際關係且廣結人脈，愛自己而展現出價值和天賦。

不平衡狀態的金錢特質：與人保持距離而冷漠處理事情，無法接受他人的建議和想法，內在時常帶著批判自己和他人的想法，過於溺愛他人而不斷給予金錢支援，無法看到自我價值而失去界線，用金錢買愛。

第五脈輪：喉輪

位置：喉嚨中間

平衡狀態的金錢特質：有覺知的溝通表達自己的想法，將自己創作的產品和服務推廣出去，適度的表達情緒，善於傾聽他人的想法和建議，勇於做眞實的自己。

不平衡狀態的金錢特質：無法在工作場所展現溝通藝術，只限於表面溝通而不敢說眞心話，害怕公眾演說，在社交場合話太多而掌控談話狀態，無法傾聽他人的表達。

第六脈輪：眉心輪

位置：兩眉中間深入腦中的位置

平衡狀態的金錢特質：使用直覺力來輕鬆工作，有覺知的洞察環境和人事物，能預見未來的夢想遠景，顯化內在渴望的願景，放下強烈我執而順流。

不平衡狀態的金錢特質：依賴權威命令而不敢獨立思考，頑固地以自我為中心而非理性判斷，輕易陷入他人的金錢迷惑，活在幻象世界中而無法腳踏實地做事，無法集中注意力做事。

第七脈輪：頂輪

位置：頭頂

平衡狀態的金錢特質：物質和心靈世界平衡而沒有偏見，擁有高意識層次和智慧來運作財務和人生，活在當下而不再思緒亂飛，勇於接受宇宙智慧的支持。

不平衡狀態的金錢特質：過於追求靈性世界而沉迷於幻象，思考局限導致做事格局狹隘，缺乏覺察力而做事莽撞，學習上有困難而無法展現能力，無法平衡物質和心靈世界而產生內在衝突。

當我帶領學生探討金錢信念和行為的脈輪卡點時，我發現金錢問題並非只是一個脈輪的阻塞造成的，而是多個脈輪同時不平衡的結果。當小貞來參加金錢脈輪卡的公益個案時，她有意轉換工作到人事管理或顧問的職位，卻裹足不前，無法做出決定。我看到小貞的金錢盲點來自於海底輪、心輪和生殖輪不平衡的能量，她對於新事物和風險的接受度比較低，不敢走出舒適圈，所以只敢保住食之無味棄之可惜的人事助理工作。

其實小貞只需要聚焦在她對於人事管理工作上的熱情，重新撰寫修改履歷表，然後敞開心連結更多的人際關係，讓周圍的親朋好友知道她正在尋找人事管理的職位。以這樣的能量來轉換工作跑道，其實成功率會非常高。

富足生活教室

金錢能量的迷思

在現代社會中，有些人對於「金錢能量」有錯誤的迷思和追求，也許是因為實質地去改變自己的金錢習氣很困難，所以往往追求不切實際的宗教做法或者能量法術來改變財運。這些無形的能量功法並非沒有用處，而是這些法術都只能短暫的幫助能量提升，而無法持續一輩子，因為能量隨時在改變，而不是停滯不動。

不少東方人特別聽信公廟通靈者、命理師、能量工作者的指示，而花大筆大筆的金錢來改變自己的財運。我看過不少人不但沒有改變財運，還花了冤枉錢，因為A命理師的指示和B通靈者不同，反而讓自己的人生處於混亂狀態。其實把自己的命運交託在別人手上，而不是透過自我成長和蛻變來轉運，本身的能量和意識層次自然會停滯在低階，而無法翻轉。

唯一能夠幫助自己改變命運的方法，就是如實的走入內在，修練自己的習氣。當內在的負面信念根除了，正面能量自然提升，不但財運會跟著來，內心也能呈現平靜與富足感。

第 2 部
解鎖金錢匱乏，就能成就夢想

第5章 存不了錢？對症下藥是王道

「存不了錢」是許多人煩惱的財務問題之一，我發現有這個困擾的人，並非局限於收入的多寡，而是來自於成長過程學習偏頗的金錢信念和行為，導致長大後呈現出無法儲蓄的結果。

從過往眾多的學生案例中，我歸納出以下五種存不了錢的主要問題根源，這些根源很多居然是和成長過程中，父母如何對待自己的行爲有關。如果您剛好爲人父母，以下的資訊也能夠幫助您覺察自己，是否對孩子有些無意識的管教行爲，可能會影響到孩子未來的財務狀況。

一、父母過度滿足孩子的需求

現代社會少子化，有些父母太過於寵愛孩子，而不自覺的想滿足孩子的各種需求。過度滿足的行爲，容易導致孩子對外的抗壓性比較低，一旦發生外來的挑戰和壓力時，孩子會產生焦慮情緒及其他的心理狀態，長大之後，通常在工作和整體人生願景上，缺乏自律和目標設定。

在成長過程中如果過度被父母滿足，因習慣於物質上的享受，當自己開始工作賺錢之後，也會以同樣的金錢消費行爲來滿足自己，所以不只存不了錢，有些人會先刷卡來預付超過收入的金額，導致債務累累。當他們無法償還之際，有些人會選擇逃避不處理，或者回家請父母代爲償還，自然而然存錢這件事跟他們的距離就很遙遠了。

二、父母過度保護孩子自理財務

有些父母愛孩子的方式是掌控孩子在生活中的一切，害怕孩子一旦獨立就會受傷，單獨行走在社會中就會受騙，所以凡事都不願意讓孩子去嘗試。這樣的教育方式如果發生在金錢上面，父母往往會因爲擔心孩子亂花錢或被騙錢，對於已經長大成人的孩子仍然嚴格掌控他們的財務，而不是教導孩子如何管理金錢。

小綠是一個喜愛藝術的二十七歲女孩，從高中畢業後便開始工作存錢，希望將來有能力進入藝術學院就讀。小綠的爸爸一向掌控家裡大大小小的事，這個掌控範圍也包括小綠的銀行存款簿和金錢的自由使用權力，理由是保護女兒不受外界的詐騙。

當小綠二十五歲時，她勇敢的向父母提出希望管理自己的財務，爸爸卻責罵她自私、不知好歹，那時小綠才知道自己多年的存款，已經有一大半蒸發掉做爲家用和幫哥哥還債。

最終小綠拿回存款簿，卻發現已經二十五歲的自己對於開戶、辦提款卡、辦信用卡一無所知，更不用說是投資理財了。小綠不只在財務上單純的像一張白紙，她的社交經驗更是微乎其微，源自於父母過度保護，擔心她與其他人接觸而受騙，這也導致小綠往後的人際關係和職涯產生種種問題。

當父母過度保護或掌控孩子，容易阻礙孩子培養自信和獨立的特質，研究報告顯示，在孩童的成長過程中，培養他們多和小朋友互動，可以增加孩童的溝通和社交能力，讓他們更有自信的展現自己。

三、孩子被賦予不屬於自己的責任

有些孩子從很小就被當成「小大人」來對待，小小年紀開始負擔起本是父母該做的事物，例如全職照顧弟妹，不能有一絲自己童年的享樂，否則就會被父母貼上「不負責」的標籤。當孩子被迫去承擔不屬於他們年紀的責任和能力時，對於何謂「責任」會有模糊的界線，長大後很容易養成拯救者的金錢行爲，凡事以別人的需求爲目標，尤其是家人的需求，對於自己的人生反而沒有太多的熱情和方向。

我發現有這般成長經驗的人，因爲在潛意識裡有爲家人負責和犧牲的信念，很容易被家人或其他親朋好友借錢而不還，有時即使自己沒有錢，還會向第三者先借款來轉借給家人，導致自己不僅很難有存款，可能還會爲了家人背債。

四、怕錢被拿走，趕快花掉

第四個存不了錢的根源，是從第三點「小大人」這個成長過程中，延伸出來的金錢行爲。有些父母習慣有這樣成熟的孩子，來負責照顧弟妹和家事，當這個孩子長大之後，父母會理所當然的期待他去處理所有家人的財務問題。這樣的家庭狀態確實發生在我的幾位學生身上，他們長久以來，把自己辛苦賺來的錢都給予家人（有些家人是因不善於財務處理，總是借錢或在家當躺平族），自己卻省吃儉用，無法把錢花在自己渴望做的事情上面，而感到很無奈。

有些人到了一個人生的時間點，再也受不了這樣的財務狀態，由於害怕自己辛苦賺來的錢總是被家人花用，所以只要一有收入就馬上花掉，反而不敢存錢，因爲他們的潛意識裡總是害怕，如果有了存款就會被家人拿走，不如自己先爽快的花掉。但是在另一個心理層面中，他們也會時常擔憂沒有存款，有些人甚至已經四十幾歲了，錢庫中的錢卻寥寥無幾。

其實有這樣財務狀態的人，需要先學會如何畫出自己的界線，一味的寵愛家人、收拾他們的財務問題，並非是幫助他們，反而讓家人沒有獨立解決自己財務問題的能力，拯救者的金錢行爲也並非是一件善事。

五、沿襲父母的金錢行為

這應該是最多人存不了錢的根源，我們每個人或多或少都會沿襲到父母的信念和行爲，因爲「模仿複製」是人類很強的能力之一。如果孩子在成長環境中，看著父母不善於理財，在金錢行爲上花錢成癮，孩子自然會耳濡目染地複製同樣的金錢行爲。或者父母有囤積症，因爲囤積症來自於內在的匱乏感，所以總是以買一堆物品或食物，把家裡囤積地滿坑滿谷，來塡滿內在的匱乏。孩子長大後通常也會不自覺地有某種程度的囤積症問題，把錢花在毫無需求的物品上，造成過度消費而無法存錢。

可欣在童年時期，父親從事小販工作，雖然不富裕但生活無缺，只是可欣天生愛面子和喜好華麗的東西，對於父親的職業總是感到自卑。十六歲時父親因病過世，她的媽媽一個人工作賺錢養家，生活上捉襟見肘，爲了讓可欣上大學和滿足生活需求，開始向親戚借款而累積不少債務。可欣的花錢上癮症是從大學畢業後的第一份工作開始，她申請多張信用卡來滿足購物欲和釋放情緒。由於從小內在具有強烈的自卑感，渴望被其他人重視，而養成出手大方的消費行爲，例如爲了讓百貨公司的專櫃小姐款待她如VIP座上賓，一刷卡就是好幾萬。因此可欣在十幾年間，不斷地活在貸款、還款、再貸款、再還款的循環中。

追根究柢，可欣的購買欲和囤積症沿襲於媽媽，可欣的媽媽因原生家庭家境貧困，加上先生早逝，內在有強烈的匱乏感和不安全感，時常有買好買滿的購物行爲，尤其在特價活動時會產生「現在不買太可惜了」的想法，因而囤積很多家裡不需要的物品，可欣也耳濡目染的沿襲了這個習氣。

所有的外在金錢議題，都是來自內在累積多年的信念，而形成慣性和習氣。如果要根絕「存不了錢」這個金錢議題，勢必要走入深不可測的潛意識記憶，才能對症下藥治癒問題所在。

第6章
存錢，是有撇步的

儲蓄，是一個跟意志力賽跑、認清人生目標的加總行為，其實並不容易做到，但大多數人把它想成這是身為一個人，理所當然該完成的使命，如果做不到，可能會被貼上「失敗者」的標籤。

儲蓄前，先準備好兩件事

我認爲很多人無法儲蓄，是因爲還沒有認清自己「爲什麼需要儲蓄」的原因，如果因爲「大家都這麼做」而被要求定期存錢，內心可能會產生痛苦而排斥這個行爲。

爲什麼儲蓄是一個跟意志力賽跑的事呢？不管是一個小孩子拿到零用錢，或者一個大人獲得工作收入，金錢對人的最大誘惑就是購買自己渴望的東西，但儲蓄的行爲正好與這個欲望相反，特別需要意志力來摒除這個誘惑，才能讓金錢好好的躺在銀行帳戶裡，這也是大部分人無法存錢的原因之一。

增強儲蓄的意志力最好的方法，就是認清儲蓄的目標。當一個小女孩一心渴望得到一個芭比娃娃，這時如果媽媽告訴她：「小美，只要把每個禮拜五十元的零用錢存到豬公裡，一個月後你就可以擁有漂亮的芭比娃娃喔！」我相信小美肯定會毫不懈怠的存下零用錢。

人的行爲傾向於目標導向，尤其儲蓄是一個和我們欲望本能相反的行爲，更需要建立出「儲蓄的特定目標」，例如，在兩年內存下十萬元當成法國旅行經費，或計算出財富自由的數字和期數，然後定期定額的存下讓自己有選擇的自由人生。當我們有覺知的以熱情的人生方向來規畫儲蓄，不僅能夠發揮意志力，內心也能喜悅的期待結果。

我們既然已經認知了儲蓄的心理狀態之後，接下來對於學習如何儲蓄會更加容易。以下這四招「存錢的撇步」，是所有想存錢的人不可忽略的執行步驟，因爲它們是非常扎實且實際的成功存錢法。

步驟一：認清和規畫存錢目標

首先，我們需要花些時間來梳理目前的生活狀態，然後靜下來思考你的**「人生核心價值目標」**是什麼？大部分人存錢的目標都是依據社會標準來選擇，但是每個人來這一世都是獨一無二的存在，價值觀也都不同。如果小可的價值觀在於開創出自己的事業，他的存錢目標會是創業資金。而小董的價值觀是淡泊名利，只希望退休後能在小鎮以慢活的步調來享受人生，他的存錢目標就會是退休金。所以釐清自己的人生核心價值，對於有紀律的存錢有很大的幫助，因爲存錢的目標是自己在人生中所重視的價值。

當我們開始規畫存錢計畫時，除了先分類爲長中短期目標之外，如何將存錢目標具體化和量化也是非常的重要。短期目標先設定爲一年內想要達成的夢想，例如國內旅行、家具、3C產品、成長課程。中期目標可以是三年內的許願池，例如國外朝聖之旅、買車頭期款、投資基金的第一筆錢、房屋裝潢。長期目標往往是五到十年以上的期間，大多是人生中的一些大事，例如買房頭期款、退休金、提早財富自由的投資。

何謂存錢目標的具體化和量化呢？

我們的人生中有很多想要達成的夢想和願望，事實上，絕大多數的夢想都需要錢來達成！所以所謂的存錢目標具體化，就是明明白白的把夢想和目標寫下來，例如，我渴望在兩年內經驗一趟爲期兩週的歐洲旅行。而所謂的**存錢目標量化，就是「夢想數字化」**的意思。「夢想數字化」的練習，是我這些年來教導學生財務規畫的內容之一，也就是**把存錢的具體目標，以金額來量化，這是最容易達成人生夢想清單和存款的方法。**

舉例來說，「兩年內要做到爲期兩週的歐洲旅行」這個存錢目標，該如何量化呢？可以開始搜尋整個旅程的飛機票價、住宿費、交通費、餐飲費、博物館門票費用、雜費等等，把這些費用加總起來，假設是十萬，這就是這個存錢目標的量化。這時我們會很清楚的知道，每個月需要存款大約四千兩百元，來達到這個目標。這就是「夢想數字化」！

步驟二：規畫財務

在我們開始規畫儲蓄細節之前，需要先梳理目前的財務狀況，才能知道自己是否有能力做到儲蓄。我們不可能在捉襟見肘的財務狀況之下，仍舊強迫自己每月存款四千兩百元來做爲歐洲旅行的費用。但是，當我們開始記帳，把收入和支出明確的記錄下來之後，做成每月的收支表和資產負債表，就能夠從財務報表一目了然的看見收入、支出、銀行存款、投資金額、債務、和貸款數字，儲蓄的規畫才有辦法進行。

財務規畫可以指引我們如何管理儲蓄，如果目前的財務報表顯示出沒有能力進行存錢的方案，也不要氣餒，我們可以藉由分析財務報表裡的收入和支出，就能得到淨收入和存款數字之間的差距，接下來開始調整自己的消費行爲，或創造更多的收入，來拉近那個差距。想想看，如果我們沒有財務報表的數字，又如何能夠知道距離自己的夢想還有多遠呢？

步驟三：檢視消費行為

支出大於收入的財務狀態，通常是存不了錢的主要原因，如果短時間內還無法增加收入的話，那檢視消費行爲就是存錢的必經途徑。即使收支表上的淨收入是正數，檢視支出的每個項目總額，都能夠幫助自己反思消費行爲的需要性，而增加存款數字，進而更快速的完成自己的夢想。

衝動型消費的人最難存錢，一旦進入百貨商場或網路購物，理智線就斷了。加上現代人習慣用信用卡付款，先使用後付款，所以購買的當下感覺不到金錢流失的心痛，而常常忽視了預算。爲了防止這個行爲發生而導致無法存錢，我建議每個禮拜定期確認當月的信用卡使用金額，以免刷卡超出預算。

根據消費行爲的研究數據顯示，逛街頻率越高（包括網路瀏覽商店），花錢的機率越高，所以如果有心改變自己的消費行爲，可以從減少逛街次數開始喔！例如，買菜或團購前先看冰箱和食物櫃裡還有哪些食物，再決定是否需要去市場，和需要購買哪些食材，最好規定自己一個禮拜去市場一次就好。

大部分人以爲自己沒有花錢上癮的金錢行爲，但如果一個禮拜習慣性逛菜市場或逛街超過三次，就算每次的支出金額不是太高，累積起來也會是一筆不小的數字，不要小看這個喜歡逛街和網路shopping的行爲，它可能就是養成花錢上癮的開始。

步驟四：創造新收入

當我們有一個需要快速達成的存錢目標時，同時又有維持生活基本開銷的支出，開源就是必然的途徑了。大部分人最常思考的開源管道是被動收入、斜槓、或者兼差，但是大家可能忽略了最容易也最快速的開源方法，其實是**「增加自己目前已經上手的工作收入」**。

現在有不少上班族一心想著如何創造被動收入，或尋找斜槓工作來增加收入，但往往由於上班時間長，體力上根本無法再負擔額外的工作而作罷。小雲是一位行政助理，月薪不到三萬，但很喜歡上課進修，卻沒有多餘的存款來實現這個熱情，於是一年前她開始在週末兼職兩份工作，以爲這樣犧牲週末時間，就能夠有更多錢來提高生活品質，結果發現事實並非她所想像的。

平常有朝九晚五的工作，週末又長時間兼差，小雲的身體開始出現狀況，情緒低落，加上沒有時間和朋友聚會聊天，這樣一年下來，小雲發現自己的生活品質很差，幾乎快要得憂鬱症了！而且她並沒有增加太多的存款，因爲醫藥費和偶爾花錢獎賞自己的辛苦，幾乎花掉週末兼差的收入了。

這樣選擇兼差的方式來增加收入，反而把本職的工作忽視了，因爲如果不把時間花在精進本職的技能，工作上要升遷會比較困難，反而切斷了原本最容易提高收入的來源。

我也常聽到一些人會懊惱的說：「我的薪水根本升不上去！」

但是以我引導過不少學生在工作升遷問題的經驗來看，工作和薪水升遷不上去的人，通常是存有一些負面的信念和行爲，例如自我價値感低、不善於溝通表達、工作的積極度不高。有些人無法走出工作上的舒適圈，只是停留在同樣的工作多年，而不是精進自己的工作技能，然後往外再去尋找更高薪的工作。

第7章 解鎖金錢匱乏，先填補愛的匱乏

金錢匱乏感存在於很多人的金錢心理層面，但自己又摸不著頭緒，為什麼這個推也推不開的感受一直存在心中。有這個金錢心理感受的人，在現實生活中，老是對自己的金錢狀態感到不滿足，思緒總是出現很多雜念，例如收入不夠多、存款不夠多、消費能力不足、投資資金不夠多、房地產不夠多。對於自己的物質需求好像有一個無底洞，一直想要往那個黑洞裡鑽，內在泛出焦慮和不安的情緒。

7-1 金錢匱乏感從何而來呢？

二〇一四年我從美國回台灣開工作坊時，其中有一位年約三十歲、體型瘦小的學生建明，坐在教室的最後面。當時他的工作是電話行銷，銷售貸款。當我們在做團體金錢療癒時，他談到自己的工作狀態常常處於越想要有業績就越得不到，所以無時無刻都處於一種焦慮緊繃的狀態，內在總是感受到很匱乏，像是有一個黑洞在胸口。當我引導他回溯成長過程的金錢經驗和記憶時，他說道：「從小就常看到父母表現出對於金錢的小氣和憤怒。」

建明依稀記得在小學時有一個金錢經驗，他拿出自己存下來的錢，買蠶寶寶和桑葉送給全班小朋友。當他回家後非常興奮的告訴媽媽這件事時，卻被媽媽痛打一頓，當下他啞口無言，不知道自己分享東西給其他人有什麼錯。

建明的整個成長過程中，媽媽總是不斷的向他情緒勒索，甚至在建明小時候就開始威脅他：「十八歲之後就把你踢出家門。」這些言行舉止讓建明感受不到媽媽對他的愛，導致他早早在十七歲時就自行搬出家裡，靠打工養活自己，而媽媽也只有在需要錢時才會聯絡他，所以一直以來他有很深層的愛匱乏感。

而建明的爸爸看待世間的態度更是憤世嫉俗，如果聽到自己的孩子訴說著未來的夢想時，爸爸總是嗤之以鼻，甚至告訴建明：「一個乞丐不該發大願。」這種種成長過程的金錢經驗，讓建明的內在產生自己不配擁有一切的匱乏感。

童年時期所處的家庭環境，最容易影響一個人對金錢的觀感，如果成長環境在金錢上是緊縮的，加上父母的金錢觀念和價值觀比較偏頗，在這樣的生活狀態下，父母會將自己對於金錢的焦慮感傳遞給孩子，甚至是孫子。下一代最可能被教導的金錢觀念就是「用錢要很節儉」，或者「努力去追求奢侈品和社會地位」，但這些金錢觀念都是導致人們長大後產生金錢匱乏感的主要因素。

從建明的金錢故事中，我們也學習到一個人在潛意識裡存有金錢匱乏的情緒，其實是來自於「愛匱乏」，而產生自我價值感低落。建明的本質並不匱乏，才會在小時候樂於分享，但是由於父母無法給予愛，並以言語指責他不夠好，將來無法出人頭地，這些長久以來植入的負面信念，讓建明長大後不敢抬頭挺胸做人，在人際關係上不善表達，想當然爾，他的業務工作一定很難達到業績。

7-2 自我價值感，是人生富足的重要資產

我這些年來引導學生改善金錢和人生議題發現，只要在金錢、工作、人際關係、親密關係上有些議題的人，幾乎都或多或少有自我價值感匱乏的信念，有些人其實很會賺錢，並非有財務問題，但因爲內在的自我價值感低，也會導致不斷的追求金錢，而身心靈都受苦。

「自我價值感匱乏」的源由大多來自於成長過程中不被愛、深受批判、深受比較，而對象大多來自父母或師長。孩童時期是人格開始發展的重要階段，也最需要獲得愛的力量，所以如果在這段期間無法被愛被認同，即使本質上是有能力的人，也會在潛意識裡深植「我就是不夠好」這樣的信息。

一旦有「自己不夠好」的感受時，在工作或事業上很難全力展現出自己的天賦和能力，而無法達到人生目標。或者有些人認爲自己不夠好，而積極的往外追蹤一些成功者，希望複製成功者的成就，這樣的行爲不但對於自我價值感低的人沒有幫助，反而迷失在不適合自己的人生道路上。因爲每個人都有獨特的天賦和專長，如果成功者的天賦正好是模仿者的弱項，一旦沒有複製成功，反而會有無能或陷入更

深的無價值感情緒當中。

自我價值感匱乏者常表現出來的行爲包括：

1. 不愛自己。
2. 外在表現出自我膨脹的行爲舉止來保護自己。
3. 工作上不敢跟同事競爭。
4. 工作／創業上不敢拿和自己能力相當的金錢。
5. 親密關係上總是討好讓步而讓自己受傷。
6. 不相信自己能達到夢想，而過著平淡無感的人生。
7. 不自覺的壓抑情緒，而造成健康問題。

7-3 解鎖金錢匱乏感的三把鑰匙

金錢匱乏感是一個涉及情感、價值觀、自我認知的心理問題，而非物質層面的填補就能消融的感受，這是我們需要先建立的觀念，才能善用以下三把鑰匙來破除金錢匱乏感。

第一把鑰匙：成長過程的金錢療癒

金錢潛意識療癒能夠幫助我們找到目前幾乎所有的金錢和人生問題根源，以諮詢和引導的方式，透過重新回顧我們和父母（或撫養我們長大的人）之間的相處模式、家中的經濟狀態、學校師長和同學對待自己的態度等等，抽絲剝繭的找到真正造成自我價值感低的經驗和記憶。這是突破金錢或愛匱乏感最重要的一環，但卻是最容易被人忽略的步驟。

有任在三十八歲那年鼓起勇氣來上課，決心面對他的工作和金錢心理層面的議題，當時他已經從事倉儲工作十年了，薪水不高，工作也升遷不上去，完全看不到自己在職涯上的光明未來。

有任來自一個農村家庭，父母親從事流動菜販的工作，錢賺得不多，收入也不穩定。父母親的家族在金錢上都是屬於很節儉的人，不善理財，家族大多數親人都處於貧困的狀態。有任的父母親雖然收入所得不多，賺錢也很辛苦，卻沉迷於賭博，因此時常情緒不穩定而爲了錢吵架。有任從小就常常從父母親的口中聽到：「錢是不好的、邪惡的，有錢人都是壞人！」因而灌輸了他這樣的金錢觀。

有任的父母在他小時候時常爲錢爭吵，他只能一個人躲在棉被裡哭，對於自己的家庭環境感到很無助。有任在十九歲時，父母沒有理財觀念卻舉債買房，房貸導致全家每天烏雲密布，長時間以泡麵裹腹，這段期間家人彼此的關係甚至降到冰點。

等到他大學畢業後有能力工作賺錢時，卻因爲過去的金錢太過於匱乏，導致他開始以吃吃喝喝和亂購物來滿足自己。二十八到三十一歲之間，他經歷了母親病逝，外婆壽終正寢，而父親也因爲那年的冬天太冷，他們住的鐵皮屋不夠保暖而猝死。這一連串的人生悲劇讓有任痛恨金錢到了極點。

第二把鑰匙：學習真正的「愛自己」

當我們找到金錢匱乏的根源之後，該如何開始提升呢？自我價值匱乏者最普遍的行爲，就是無意識的自我批判，活在低頻率的狀態下，所以**學習「愛自己」才是提升自我價值的終極方法**。

回到有任的故事，由於有任的一生都爲錢所苦，甚至讓他失去了親人，所以對於創造自己的人生願景這種事，他是無感的。也因爲他從小在家裡就鮮少得到愛，長久以來處於「愛匱乏」的狀態之下，造成他的內在總是覺得自己不夠好，不配得任何人事物，所以在工作上更是堅持不願敞開心和同事上司互動、表達關心，自然很難得到主管的青睞，升遷的機會就更不可能了，才會在倉儲待了十年。

在引導他升遷的過程中，我的方式並非如何經營人脈、如何增加工作技巧，而是如何「敞開心去愛」！這不是一件容易的功課和訓練，因爲當我們長時間關閉自己的心，不只對外人冷漠，甚至對自己都無法表達出愛，釋放出愛的能量，經常批判自己的所作所爲，甚至是外表。**愛自己的功課始於覺察自己內在小孩的情緒，為自己的人生負責任，活出自己的本質。**

第三把鑰匙：展現自己的強項和表達想法

大多數自我價值匱乏者總是看到自己的弱項，甚至放大自己的弱項，導致不敢在工作上展現出自己厲害的一面，更不可能將內心真正的想法和點子表達出來，我發現這是大多數上班族和創業者無法獲得更多金錢的主要原因之一。

有任在療癒的過程中有非常大的反抗心，最初，他看不到自己的價值，也不願敞開心來接觸人群。幸好，他內心渴望改變現狀，才會踏出第一步來求救。他慢慢的採用我給予的建議和方法，也許剛開始像一個嬰兒般的學走路，需要有人在旁邊扶著，但慢慢地可以放開雙手自己走了，最終一定可以自由的奔跑！上完課幾個月後，他被公司派到國外出差，也走出了自己的舒適圈。

第8章

誰說賺錢和健康無法兼得？

生活在這個工作高壓的社會形態下，學習如何做到賺錢和健康之間的平衡，是一個不可或缺的生活技巧。

8-1 身心健康才能提高工作效率

人的身體對於「壓力」承受度總是有個極限，但有時卻會爲了工作升遷機會或事業的營運，不自覺的習慣於承受外界所疊加出來的壓力，和自我嚴厲地內在鞭策。

財富和權力至上的想法，似乎已經成爲全世界的共通價值觀，導致有不少人會不顧一切代價來追求金錢，一旦我們無意識地捲入「以金錢爲人生主要目的」的金錢遊戲，就會逐漸迷失自己的人生方向，輕易地背叛自己的身體、關係，甚至走入犯罪行爲和傷害他人。

我總是很心疼看到身邊有人面臨這樣的生活狀態，卻很少覺察自己的身體，他們通常會等到出現巨大疼痛的感受後，才會停下來照顧身體。根據我這些年的觀察，當一個人長久無法面對和解決金錢與工作的問題時，首先出現的身體狀況是「情緒」，他們無意識地跟隨著金錢的流進流出而產生焦慮和恐懼，累積成心理疾病，然而有意識去覺察自己情緒的人並不多。

因長期對金錢產生焦慮，而造成憂鬱症、躁鬱症、花錢成癮這樣心理疾病的人不在少數。通常有金錢情緒心理狀態的人，大多是從小時候成長過程中的金錢經驗開始，長大之後如果沒有學習梳理自己與金錢之間的關係，他們很難眞心享受金錢所帶給他們的益處。相反的，只要生活中出現與成長過程的金錢記憶有類似相關的人事物，都會牽引出他們對金錢的恐懼情緒，久而久之的情緒累積，健康會開始出現問題，例如頭痛、心悸、子宮肌瘤、腸胃不適症等等。

凱蒂在家中排行老三，上面有哥哥姊姊，下面有一個妹妹，她的個性很拗，從小物欲就極強。小時候爸爸的工作是開大卡車，媽媽則是家庭主婦，有時會在家做點手工添補家用。家中的經濟只夠一家六口的基本開銷，沒有多餘的錢給凱蒂買洋娃娃，但只要是凱蒂想要的東西，一定會鬧到媽媽不得已去借錢買給她，她甚至在五歲時就開始偷錢。

她爸爸因爲不想再開大卡車，決定把房子拿去貸款和朋友合夥做生意，但凱蒂的爸爸不懂事業，不懂理財，最後以賠錢收場，欠債八百萬，不得已只好再回去開大卡車還債，一家再度陷入財務困境。

凱蒂愛花錢的習性沒有因爲家裡的經濟拮据而改變，從十七歲開始打工的錢，都花在自己身上，高中畢業開始正式工作後，花錢越發誇張，無法停止刷卡買東西的行爲。即使在二十七歲時已經結婚生子，仍舊沒有理財觀念，她會花大筆大筆的錢上投資課程，卻不敢實際投資，花十七萬出國在職進修，回國後卻消沉不想工作。

凱蒂明顯地陷入長期金錢情緒的心理問題，但是在心理學領域裡，很少人研究這方面的治療和諮詢，或認知到金錢心理疾病足以嚴重到危害健康與生活品質。凱蒂在物質和心理層面的嚴重金錢議題，其實是需要獲得長時間的諮詢和療癒，才能跳脫出這個累積已久的人生問題。

8-2 跳脫舊思維，是平衡健康和金錢的關鍵

東方企業文化的觀念普遍認爲會加班的員工，才是好員工；或者業主爲了省下人事費用，安排一人負擔多人的沉重工作量，才是好老闆。可能是因爲傳統企業老一輩的創業者經歷過「辛苦才有錢賺」的艱辛時代，過去長時間的工作被視爲常態（週休一日，每天工作超過十小時），但是這個舊思維已經不適用在二十一世紀了。

由於科技的快速發展，很多過去需要花時間才能完成的人力工作，其實都可以系統化的快速處理。也因爲科技的進步，整個世界的企業經營趨勢，也已經和過去截然不同了。但還是有不少的傳統企業不願跟上時代潮流，例如更換會計系統、人事系統、資料管理系統，導致員工花更多的時間來完成工作，而無法準時下班，造成健康問題。

另一個普遍造成工作和健康不平衡的原因，是大多數人習慣活在別人的期待之下，爲了達到父母、伴侶、上司、朋友的標準，寧可犧牲自己的健康和快樂，也要讓外在看起來光鮮亮麗，或者即使在生活上鮮少有時間與家人和朋友共享快樂時

光，也在所不惜，有時甚至會自我安慰：我這麼做都是爲了我的父母、伴侶、孩子，而充滿了自我期許的烈士心態。其實這些人的內心既空洞又匱乏，把自己的人生擺一旁，從來沒有爲自己活過。

很慶幸的是，現在健康資訊普遍，越來越多人意識到壓力和情緒是造成健康問題的主要因素之一，勞基法也制訂週休二日的政策，這些轉變都顯示出我們覺知到，傳統的工作型態並不適合人的身體結構和運作，需要跳脫出舊思維。

8-3 用自我提問法，重建金錢和健康的平衡基礎

每個人所謂的「平衡點」都不同，如果我們真的想要找到屬於自己的金錢和健康平衡點，需要對自己更誠實一點，拿掉以社會標準來看待自己的濾鏡，好好的面對以下的問題。

三個自我提問如下：

提問一：我的壓力承受度在哪裡？

我們需要先詢問和認清自己的「工作壓力承受度」，也就是學習覺察自己的身體對於工作壓力的反應。現代人生病的原因和工作壓力脫不了關係，每個人的身體狀況都是獨特的，我們不能以小明爲什麼可以承擔這樣的工作壓力，但小江卻不行，來判斷這兩個人的壓力承受度，因爲我們並不了解這兩個人的健康狀況。只有學習時時刻刻的覺察自己的身體感受，才能明確地知道自己能夠承受多少的壓力，而這個壓力承受度就是金錢和健康之間平衡點的考量之一。

學會觀察自己的「壓力承受度」，需要一段時間的工作經驗累積，才能加以判

斷。但「壓力承受度」不是一個絕對值，這牽涉到的因素不只是身心健康狀態，還有個人的個性，以及成長過程被保護的程度、獨立性等等。例如，珍珍從小就被當成小公主的模式撫養長大，她的抗壓性自然很低，而無法承受正常的工作量。

我們的壓力承受度會隨著工作經驗的累積而增加，但是增加的程度會依照自身的健康狀態而呈現出分界點，一旦超出這個分界點，身心健康就會出現問題。

提問二：我能減輕壓力嗎？

當我們了解自己的壓力承受度之後，如果認清目前的工作已經超出自己的壓力承受度，並非需要馬上放棄工作和收入，而是應該先去學習如何有效的釋放情緒和減輕壓力，這是評估金錢和健康的第二個平衡點。

當我們有一套自己的壓力處理方法之後，例如練瑜珈、氣功、正念減壓都是非常好的功法，健康和壓力承受度就會提升，在這個狀態下，我們會更有活力的工作，而不需要放棄工作。但是有一個小提醒：這個壓力處理方法最好不是經常藉由吃高級料理或購物來減壓，因爲這些做法只會加深對金錢的依賴，而不是長期減輕壓力的方法喔！

提問三：金錢或健康對我來說哪個比較重要？

對於金錢和健康的平衡和取捨，有很大一部分的關鍵點來自於每個人的金錢信念。這時，你需要問自己一個問題：在我的信念裡，金錢的重要性大過於健康嗎？不要小看這個問題，雖然大多數人遇上這個問題可能會回答NO，但我相信有不少人在潛意識裡的確存有這樣的信念，只是自己沒有深入的覺察而已。事實上，擁有「金錢比健康更重要」的信念，是目前造成大部分人在金錢和健康上不平衡的主要因素，這一族群的人，通常會出現工作狂的行爲，而糟蹋了自己的身體。

我們都知道這個道理：沒有了健康的肉體，就沒有創造金錢和照顧家人的機會。只要能夠隨時覺察自己的身體狀態和工作壓力承受度，然後開始把運動和飲食放入人生價值清單中，金錢和健康之間就能夠再度的平衡。

二〇〇七年初，當時在美國工作的我，開始出現很嚴重的健康問題，當下我的財務工作正好節節攀升，伴隨而來的工作壓力也很大。但我並沒有馬上放棄這個高薪的財務工作，而是選擇開始練瑜珈來調整壓力和健康，這個選擇不僅幫助我減緩壓力，也推動我進入靈性領域。

一直到二〇一一年，我覺察到身體出現更多的病狀，再也承受不了工作壓力後，才決定離開高薪的財務經理工作。當我做出這個決定時，我並不知道未來該以什麼工作來賺取收入，但是我很清楚自己的金錢和健康平衡點已經失衡了，如果我不放棄工作，身體就會崩潰。

然而這個命運的轉折，卻也讓我完全出乎意料的走入金錢心靈引導師的事業。我一直都相信人生中沒有不該發生而發生的事，只是我們是否能夠臣服於所有發生的事，藉由這個奇妙的發生，引導自己走入另一條人生道路。這個重病是我人生中的一個功課，而我也有覺知的面對它，以至於後來的人生才會有了一百八十度的大轉變。

第9章
意識創造豐盛的財庫

其實我們的靈魂並沒有「財庫」這個東西，但是我們的「意識」可以創造出豐盛的財庫，這個觀念非常重要，否則有些人會為了充飽這個無形的財庫，道聽途說假道士的五花八門儀式而破財。

9-1 神靈界的加持

有拜拜信仰的人通常會選擇在上元（正月初五），中元（七月十五），和下元（十月十五）這三天到廟裡進行補財庫的儀式，不過也不一定限制在這三天來求財運，當我們內心渴望得到一些財運上無形的加持時，平常也會拜訪財神爺、土地公、虎爺、和地基主來祈求財源滾滾，或度過財務上的困境。

我也是一個常到廟裡拜拜的人喔！每年年初誠心的點上光明燈，當本命生肖與值年太歲相沖或對沖時，也會到廟裡安太歲，而且時常感受到被神菩薩保護和加持，內心總是感受到神的恩典。

「拜拜祈求平安和財富」這件事，我認爲有很大一部分是心理作用，我們在人生中難免會遇到困境，如果一時之間想不出解決方法，也沒有其他人能夠依靠和交談，這時向神菩薩祈求和對談的過程，宛如有一個大人可以信賴和依靠，內在的痛苦和執念也會莫名地減輕不少。透過神菩薩的指引之後，做起事來比較有力量，困境往往也因此度過。

我過去並非是一個常到廟裡拜拜的人，尤其在美國居住的二十三年當中，完全沒有機緣做這件事，一直到二〇〇七年開始身受重病的那八年之間，我在家裡設立靜心室，每天唸誦心經、大悲咒、藥師佛解冤咒，這個唸經的過程不僅幫助我安住對疾病的恐懼，也彷彿讓成長過程中曾經體驗過的靈感體質記憶再度甦醒。二〇一五年回來台灣定居後，因緣際會走入靈性修行，神奇地與幾位神菩薩有比較深的緣分和連結，而開始經常拜訪廟宇，在二〇二三年二月還體驗了三天的白沙屯媽祖進香，親身經歷到一些媽祖的神蹟。

我希望藉由自己這些年的拜拜親身經驗，來分享我是如何向神靈祈福，和如何得到神菩薩的加持，這些經驗並非透過任何人的教導，而是來自心靈的感受與訊息，和事後印證在物質世界的結果。

這些年來我發現有些人到廟宇拜拜，祈求神明顯化自己的心願時，都遺漏了最重要的部分，那就是當我們向神明祈求這些心願之際，當下的起心動念和意識狀態的眞誠與否，關係著願望是否實現的關鍵。坦白說，我們在人生中都有很多的欲望和願望想要實現，但如果這些心願只是來自頭腦的幻想，而自己未必有心去執行這些心願，以爲願望應該憑空而出，通常是不會得到神靈的加持。爲什麼呢？因爲神靈只會給我們靈魂意識所幻化出來的心願，而不是頭腦中不切實際的欲望，這樣的意識能量頻率並沒有敲進神靈接收的頻率裡。

舉個例子來說，如果有人向月下老人祈求姻緣，但是自己總是與世隔絕，厭惡人際關係，或者自以爲身價很高，對待異性的態度總是冷冰冰的，我想就算在月老廟拜了一百次，也很難獲得好姻緣吧，因爲頭腦和心不一致，祈求的念想不誠懇，月老想必很難接收到這個人究竟想要什麼，也就無法賜予良緣。

9-2 獨創的意識補財庫法，人生將整體富足

靈魂意識所創造出來的財庫不僅僅是金錢，而是人生整體的富足。靈魂帶著累世的因果業力藉著肉身來這一世，靈魂藍圖刻印著我們累世習氣和今世功課的軌跡，如果我們遵循著宇宙法則來成長意識層次，此生的富足狀態才有可能顯現。

這就是所謂的：欲知前生事，今生受者是，欲知來生事，今生作者是。我們是不可能拿到一個財運符咒就一帆風順一輩子的，如果靈魂意識還停留在「無明」的狀態，不知道從何改進自己的累世習氣，或走上今世的靈魂道路，就算有任何符圖或補財庫儀式都無法轉變一生的貧瘠。

我們的意識層次，會決定這世的財運、感情運、健康運。意識層次低的人，看待自己人生的格局很狹窄，所以遇到困境時總是找不到突破瓶頸的鑰匙，一生都浮浮沉沉於問題的大海之中。意識層次決定我們擁有的信念是正面或負面，而將這些信念實現於生活之中，轉化出每個人過得富足與否。

然而，每個人來這一世的財運都不同，雖說財數早已注定，但是沒有人知道自己這世財數的多寡，不是嗎？我在這十幾年致力於研究金錢能量和幫助很多學生突

破收入的議題顯示，大多數人並沒有盡全力達到今生的財數，原因在於意識層次無法成長，而輪迴在生活中的困境，走不出來。

因此，我研究出來的「補財庫秘方」，也跳脫出一般宗教人士的理論與方法。

9-3 補財庫四部曲

補財庫四部曲是結合物質和靈性的方便作法，而不是虛幻不實的作法儀式，這些儀式讓很多人根本不清楚補財庫裡的財富處於什麼樣的狀態。

第一部曲：以個人財務預算和渴望夢想來敲進量子能量場

第一部曲是引導大家將一年內渴望顯化在財庫裡的項目，很明確地一一列出來，這和一般的夢想願景不同，這些項目需要包括兩個主軸：**渴望的收入和夢想的支出。**

以我為例，我會先把事業的年營業額依照過去的成長率和自己想要突破的數字先寫下來，這是收入的部分，項目的細節包括來年出版新書的額外收入，和企業培訓的新機會收入等等。然後寫下這一年我想完成的夢想所需要付出的額外費用，例如完成西班牙朝聖之旅的費用、報名荷蘭資深老師的頌缽課程學費、報名美國腦神經科醫生的量子場冥想課程費用等等。

當我們思考放在財庫裡的收入和支出項目時，有一個非常重要的關鍵點：**必須**

能夠強烈地感受到自己非常想要去執行的情緒，才可以編列入財庫，否則自己本身的能量頻率無法提升到量子場的頻率，來達成顯化的效果。

進行這個步驟時，我們需要花很多時間靜下心來和自己的靈魂溝通和對話，去感受每個項目是否挑起自己的熱情，如果沒有就畫掉，否則會很容易編入畫大餅的幻想裡。

第二部曲：連結世界趨勢和宇宙能量來創造新財富

當時代的新潮流和宇宙能量來臨時，誰也擋不住。地球的運作往往受到整體宇宙行星能量的轉變而有所不同，所謂創造新財富，就是需要隨時關注世界趨勢和宇宙能量的變化，得知未來有哪些新科技、新行業、新技能，它們將幫助自己擴展專業領域和啓發天賦，同時賺取更多的財富。很多人對於新潮流和科技抱持著保守的態度，而產生我不能，我不會，我沒有時間，這些負面的想法。但是與世界背道而行，結果只會造成自己的財庫也越來越空。

補財庫的第二部曲，需要去檢視目前的工作和事業是否走在世界趨勢的道路上，保持學習新知識也能夠增加未來的財富，但是究竟該學習什麼新知識，才能與自己的靈魂意識共頻呢？

進行第二部曲時，也是需要花時間與自己的靈魂溝通和對話，來找到適合自己的未來方向，而不是一直往外看別人學習什麼領域而跟隨著。每個人的靈魂藍圖不同，如果找不到自己的獨特性，很難把自己的潛力發揮到淋漓盡致，更不用談創造新財富了。

第三部曲：打掃財庫

大多數人都只是想到擁有更大的財庫，但是很少人去思考自己的財庫乾不乾淨。如果財庫裡都是污穢的東西，就算我們放入更多的財富，也會薰臭的。**所謂打掃財庫就是檢視自己潛意識的金錢信念。**如果我們內在藏有很多負面的金錢想法，有可能發大財嗎？我想很難。以我引導過數千名學生的經驗，我可以很確定的說：大多數人的壞財運都是栽在自己的手上，包括負面的金錢信念和固執的個性。這些年來我自己打開金錢能量的祕訣就是：**勇敢的突破內在陰暗面的我執和任何負面信念後，我的金錢能量就越暢通，因為財庫越乾淨，金錢奇蹟就越容易顯現。**

第四部曲：精準的拜財神

很多人都想向神靈祈求更多的錢財或達成某些夢想，但往往事與願違，那是因爲大多數人希望財富無中生有從天上掉下來，自己不想要爲這些心願負責，也沒有向神菩薩稟告自己願意做哪些事來達成這些心願。無庸置疑，這樣的拜拜方式比較像是人在命令神靈去執行自己的指令，所以是錯誤的拜財神方式。

當我們完成補財庫的第一部曲之後，可以將寫下來的內容向神菩薩祈求。首先祈請神菩薩賜予自己智慧和給予訊息，應該朝向哪個方向來執行這些財富上的願望，然後告知神菩薩自己願意負責哪些行動來執行這些夢想，最後祈請神菩薩保佑和加持，以神力來推自己一把，圓滿補財庫的心願。

這個拜財神的方式是以我們和神靈的能量頻率共振來合作，神菩薩會更清楚我們眞正想要什麼、想走的方向，還有我們的誠心，這會加速心願的達成！**宇宙會給予我們所有想要的東西，但是我們必須非常清楚自己內在的渴望，否則所有的祈求最後都會成為喃喃自語罷了。**

這四部曲不是做一次就能達到補財庫的效果，而是需要在一年當中重複做好幾次，例如第一部曲的收入成長和夢想支出有可能隨著時間而改變，所以需要隨時調整。第二部曲創造新的財富管道，也可能隨著貴人和機會的出現而有所不同。第三部曲更是需要隨時覺察自己的金錢信念，將自己的意識頻率與神靈共振，才能快速顯化財富。

富足生活教室

儲蓄先存急備金

每個人的第一個儲蓄目標，應該是「急備金」，急備金是指生活中發生不可預測的事件，所需要應付的費用，例如醫療費、失業、車子零件維修或任何意外狀況的發生。急備金是以六個月必要支出的金額來計算，包括房貸、車貸、孩子教育費、水電費和基本生活費的加總。

儲蓄急備金能夠減少我們在生活上產生的焦慮，因為有足夠的金錢和時間來處理和面對人生中的突發狀況，才不至於產生創傷的印記。

如果每個月的淨收入都接近零的狀態，我會建議另一種存錢規畫，那就是先存款後消費。

當我們在規畫存錢時，大多數人會先把收入拿去支付消費，再把餘額當成存款金額，但這個方法才是造成存不了錢的原因之一，因為我們永遠都有想花錢的欲望。所以我建議每個月先存錢再消費，也就是說，把收入先扣除存款金額，再用剩餘的錢來支出。

第 3 部
翻開過去、現在、未來的金錢心靈帳簿

第10章 第一本帳簿：現今的金錢議題

學習認識自己和金錢關係的第一步，就是釐清自己目前在人生中的金錢狀態。

所以在第一本金錢心靈帳簿裡，我將以三個和金錢最相關的人生區塊，來幫助你找到目前在金錢的物質和心靈狀態：第一個區塊是目前的財務狀態，第二個區塊是目前的工作狀態，第三個區塊是目前的人際關係狀態。

從三個區塊，找出隱藏的金錢議題

每當我在社交場合自我介紹，只要提到「我的工作是協助人們發掘金錢盲點，改善金錢問題」時，有些人就會馬上反應：「喔，我的收入很好，也沒有負債，我沒有金錢問題。」或者說：「我沒有資產也沒有負債，不需要做財務規畫。」

但是，當我進一步輕鬆地聊到金錢方面的話題時，無意間就會聽到下列對話：

- 我賺得多也花得多，完全存不了錢，怎麼辦？
- 總是有朋友來跟我借錢，但他們都不還錢，怎麼辦？
- 雖然我的存款有好幾百萬，但我總是恐懼退休金不夠，怎麼辦？
- 我有很多錢但都是來自於爸爸，他總是用錢控制我能做什麼、不能做什麼。
- 朋友覺得我很有錢，所以出門吃飯總是要我請客，其實我並不開心。
- 我都盡量用錢來滿足孩子的所有需求，因爲我自己小時候沒有享受到。

從以上對話中，我們可以了解到「有沒有錢」並非是唯一的金錢問題，探討和釐清自己與金錢之間的關係，才是避免踏入不自覺的金錢陷阱最好的方法。

10-1 釐清目前的財務狀態

「財務」是金錢在物質世界的第一層存在，也是大多數人所認知的金錢，所以當有人提到金錢問題時，我們當下一定是先想到實質的財務資產問題，卻忽略了另一個與金錢相關的財務問題：**使用金錢的心態和行為**。

以「月光族」爲例。如果從財務理論來看，淪爲月光族的原因不是賺得不夠，就是花得太多。但是以金錢心理學來說，月光族更需要了解自己的消費心態，和爲什麼無法積極的創造更多收入。這些隱藏在潛意識的信念，才是導致月光族狀態的主要根源。

由於大多數人不習慣碰觸財務議題和金錢話題，容易不自覺的出現抗拒和恐懼的情緒，放棄面對金錢。因此，在開始探討目前的財務狀態之前，建議先做幾次深呼吸，花些時間把心靜下來。

準備好了嗎？

接著，讓我們從下面三件事，來認識自己目前的財務狀態。

一、你如何看待金錢？

你是否覺察到自己平常在用錢和存錢時，頭腦會出現一些關於金錢的慣用語呢？或者與其他人有金錢上的互動時，心裡也會不自覺的冒出一些對於金錢的看法？這些，都是了解自己金錢信念的線索喔！

阿敬在保險公司上班五年，三十三歲的他，正值打造職涯最好的年紀。平常待人親切，也勤勞的開發新客戶，加上用心的服務舊客戶，每個月八到十萬的收入對他來說一點都不難。但是，他來上課的原因竟然是「負債累累」。

阿敬成長在一個經濟條件不佳的環境，因爲父親是個做粗工的工人，時常因工作而受傷，所以阿敬從小經常聽到媽媽哭喪著臉說：「錢很難賺，要節儉！」當他需要錢買渴望的玩具或零食時，媽媽會以言語上的凌辱和折磨，讓阿敬爲了錢而哭著苦苦哀求她……這一切都是阿敬小時候的金錢夢魘。

大多數人在成長過程中，如果被教導「賺錢很辛苦」的觀念，通常在金錢行爲上會不自覺的表現出省吃儉用的行爲。但是阿敬天生對於物欲有強烈的渴望，也因爲小時候總是被大人百般的用金錢來控制，導致長大後延伸出自己的金錢信念：賺錢就是要拿來花掉，存不了錢就及時行樂，如果錢不夠就先借來用，有錢才會被看得起，以致於才三十三歲的年紀就已經負債累累。

我們小時候的金錢經驗雖然不是自己創造出來的，但是在耳濡目染之下，會依照自己的個性來解讀這些對於金錢的記憶，然後就變成了一輩子的金錢觀。如果是正面的金錢觀念，可以爲我們帶來源源不斷的財富；但如果是負面的金錢信念，很可能讓我們走向財務的不歸路。

不過好消息是，只要我們有意願去了解自己是如何在看待金錢，很清楚的看見有哪些金錢行爲讓自己在財務上觸礁，或者一旦接觸到金錢議題就會有心理卡卡的狀態，我們就有脈絡可尋的去解決自己的金錢議題了。

二、你目前的消費行為是怎麼樣的？

請花一點兒時間思考：你在哪些生活區塊花最多錢／最捨得花錢？哪些生活區塊對你來說不值得花太多錢？這個問題是爲了讓你開始了解，自己是如何在看待人生價值觀。

在回答這個問題時，請記得，答案沒有對錯，因爲每個人的人生核心價值本來就不同，這一個練習，主要是要讓我們從消費狀態來認識自己的價值觀。

我在二〇二二年上半年帶領一班「金錢人生學分」課程，當我詢問學生們這個問題時，學生們都從各自的回答中看到他們過去沒有發掘的人生價值觀。

A學生：如果看到可以撿小便宜的東西，即使我不需要也會購買，但最後都沒有用到，所以浪費掉。

→學生看見這個購買行爲是自己的一種心理發洩管道，貪小便宜讓他有一種滿足感。這個消費行爲顯示出A學生的人生價值觀，並不重視自己人生中眞正重要的事，反而常把時間和金錢浪費在不重要的事情上，所以往往很難達成自己的夢想。

B學生：我最捨得花錢在孩子身上，最捨不得花錢在自己身上。

→學生看見這個消費行爲是把自己小時候缺乏物質享受的缺憾，投射在孩子身上。同時也看到一直以來，其實都在忽略自己的需求，無法愛自己。

C學生：我最捨得花錢在健康食物上，最捨不得花錢在社交上。

→學生看見自己從小就需要爲家人煮飯，所以對於食物很重視，就像家人一樣。而自己與人互動上就有些「社交恐懼症」，不喜歡太多的人際關係，所以不願花錢在無意義的事情上。也因爲生活中缺乏人際關係，所以溝通互動上無法有效表達自己的想法，不敢做自己。

探索自己與金錢的關係是認識自己很好的管道，也很有眞實感，因爲金錢行爲發生在每天的日常生活中，光是注意自己的消費行爲，不僅可以有意識的使用金錢，還能藉由思考「爲什麼我會願意或不願意花錢在這些事物上」來認識自己！

三、你是如何處理你的收入／支出和資產／負債？

不知道你有沒有記帳的習慣？如果有，是否能夠從記帳的數字中一目了然的理解自己的收入、支出、資產、負債的數字？如果你沒有記帳習慣，或者只是簡單的記錄支出，你是否常常覺得錢都留不住？甚至有財務上的困擾？

記帳是最實際讓你看見目前處理和看待財務的心態。處理好財務，金錢的不安全感就能夠減輕一大半。

在我接觸到的人當中，**「為什麼自己存不了錢」是最多人詢問的問題。**

存不了錢的原因當然很多，但通常會問這個問題的人，往往沒有財務規畫的概念，也不清楚自己的財務數字，所以產生收支不平衡。或者，也有人是把錢花到盡興才願意存錢。如果你希望能夠累積財富，走向財富自由之路，財務規畫絕對是必要的工具。

亞文在二〇一九年時來參加我的「連結金錢的藝術」網路課程，當年四十八歲的她，是兩個孩子的媽媽，老大十八歲，老二卻不到三歲。當時，她的手上有兩份工作，薪水的加總也快十萬元，來上課的原因是想探討「爲什麼存不了錢」這個金錢議題。她告訴我，所有的開銷都是必需品，自己也不會把錢花在奢侈品上，可是銀行的存款數字卻很少。

當我在課堂上教導學員，如何藉由記帳來完成每個月的收支表和資產負債表，並學習檢視自己的消費行爲時，亞文表示，自己都有記錄支出項目，她覺得這樣就足以知道花錢的流向，不想花時間做財務報表。

事實上，記帳和財務報表之間有著巨大差異，但是我沒有先向亞文解釋，而是請她完成當月收支表。

當亞文完成收支表之後，她寫了一封信給我：

「以前看了很多理財文章，有些老師並不贊成記帳和做財務報表，所以自己也很迷茫到底要不要記帳？因爲這次上課而如實的完成了收支表之後，才知道自己原本以爲的必需品消費，金額雖然不大，但加總起來的數字很嚇人。」

從亞文的收支表數字中，我找到了爲什麼她一直存不了錢的主要原因，那就是她的保險費總額高達收入的三分之一。也因爲我拉出這個財務數字，亞文看到了自己一直處於金錢焦慮的問題根源。

亞文從出生到二十歲之間，家裡的經濟條件不好，求學過程中，父母經常連學費都擠不出來，所以金錢對亞文來說一直都是焦慮的元素。在她的父親罹癌過世時，她開始認知到保險的重要性，只要有人向她推銷保險，她都會買好買滿。雖然這看起來好像只是一種消費行爲，但也顯示出亞文對於自己未來的人生充滿不安全感的情緒，她希望用錢來填補不安全感，而在經過這一次的課程後，亞文也意識到，買再多的保險也無法填滿她內在的不安全感。

對我來說，財務規畫是一個「許願池」，也是實踐夢想的第一步。自從我在三十歲時開始做個人的財務報表，當我看到收入不是自己所滿意的數字，我會計畫換工作，或再去培養另外的新技能，來達到收入目標。在支出上，也會編列「興趣預算」，例如旅行和進修陶藝課程。因爲做了財務報表，我更懂得把錢花在生命中重要的事。所以，財務報表所具備的意義，絕對超乎一般人想像的重要。

10-2 從工作狀態來洞悉金錢與自己的關係

在現代社會中，工作對於每個成年人來說，都是生活中不可或缺的一部分，無論是自己創業的自營業主／自由工作者，或者是在企業組織工作的全職／兼職薪資員工，工作的主要目的之一是收入的來源，所以探討工作狀態，其實是最直接且容易發掘自己與金錢之間關係的管道，只是大多數人不得其門而入罷了。

工作不僅提供收入而已，它也是一個激發我們潛力和天賦的場所，我們所學習和訓練的專業，如果沒有工作來當成一個輸出口，想要把自己的專長和熱情貢獻給這個世界，並且完成這世的靈魂天命，坦白說，並不是一件容易的事。

因此「工作」這件事對於每個人來說，其實帶著非常微妙的生命連結，它連繫著財富、金錢觀、天賦、自我價值感、健康、家庭關係等等。所以當我們嘗試釐清目前的金錢議題時，不得不好好地先了解自己整體的工作狀態。

工作，需要內外在動機達到平衡

也許聽起來不可思議，但我必需說，金錢並非是工作的唯一動機喔！工作包含「內在動機」和「外在動機」，由於內在動機藏匿於潛意識裡，所以常被我們的大腦忽視了，而把工作和金錢畫上絕對值的等號。

工作的「內在動機」是藉由自己的熱情、興趣、價值、自我需求，來驅動對於工作的積極度和長久度。它比較是爲了滿足自己內在成就的感受，而非金錢上的獎勵。有不少人在處於選擇工作之際，有意或無意地跳開脫離內在動機，而以薪資和職位爲第一考量。然而，內在動機程度越低的工作，越容易形成不斷換工作的習氣，或者因內在得不到滿足而嚴重地影響情緒和健康，進而牽動家庭關係的議題。

工作的內在動機歸類在金錢的心理層面，涵蓋著自信心、自我價值感、金錢情緒、自我實現、學習力、抗壓性、創作力、溝通表達能力和同理心。

工作的「外在動機」則是來自於物質的獎勵，例如金錢、社會地位、職位升遷、權力，這是最直接影響到每個人的財富階級和社會價值，也是目前大多數人定義自己工作價值的標準。工作的外在動機可以是正面的，藉由追求職位和薪資的提升，能夠激勵一個人精進自己，突破舒適圈，而發展出內在的潛力。但它也可能是朝向負面發展，像是過度追求高薪資和社會地位，則可能導致健康問題、迷失自己、失去身邊所愛的人，甚至走向犯罪行爲。

工作的外在動機歸類在金錢的物質層面，涵蓋著薪酬、財務規畫、投資、經濟安全、社會階級、交易、職業發展和選擇。

工作問題，大多來自金錢信念盲點

不少學生因爲工作上的職位和薪水升遷卡關前來找我諮詢。我發現**工作升遷問題大多不在於專業技能的不足，而是金錢信念的盲點**。以下是最常出現在工作上的金錢信念盲點：

1. **自我價值感低**：自我價值感的強與弱，關連著成長過程的經驗，如果從小經常聽到大人對自己的批判，無論是能力或外表，這些言語的霸凌像是蜘蛛網從外而內的包裹著自己而無法掙脫，即使長大之後進入高學府，或擁有專業能力，總是看不到自己美好的一面，而習慣性的自我批判。

自我價值感低的人，在工作上通常不敢主動要求更高的職位和薪水，因爲內在迴盪著小時候大人批判自己的聲音，已經爲自己的能力不足貼上標籤了，所以不敢去爭取名和利。

如果身爲自營業主而擁有自我價值感低的信念，潛意識裡會不自覺地不敢取得自己該擁有的財富，而在事業的經營上發生捉襟見肘的現象。我身邊有一些身心靈老師或者藝術家們，對於自己的才能沒有太多的自信，以至於不敢將課程或藝術品的價格依照自己所付出的天賦來收取，而無法持續經營事業。

2. **抗壓性低：**我認爲抗壓性（壓力容忍度）的高低沒有特定的標準，也因人因事而異，但可以確定的是，抗壓性是可以訓練和學習的，我就是一個最佳的案例。在美國工作之前，我自認抗壓性並不高，遇到不如意的人和事，比較容易放棄。但在工作之後，爲了適應美國的陌生工作環境和內容，我開始訓練自己不輕易放棄，努力去面對和解決所有問題。漸漸地，我的抗壓性提升了，讓我能夠更輕易的達成人生的夢想和目標。

爲什麼了解自己的抗壓性程度那麼重要呢？爲什麼需要訓練抗壓性呢？

抗壓性低是指一個人在面對壓力、挫折、挑戰的情境時，心理層面容易產生害怕、恐懼、逃避的情緒。如果沒有訓練自己的抗壓性，而一直活在這樣的情緒之下，會反映在人生的各個區塊而無法達到自我實現的境界，因爲抗壓性低的人一旦遇到不如意的事情時，很容易放棄，能量上也呈現低頻的狀態，進而對生命無感。

抗壓性低的習氣大多來自於兩個元素：一個是從小父母太過保護和寵愛，所以很少經歷和面對解決問題的機會。第二是天生的個性比較依賴和懶散，無法獨立自主去面對人生的挑戰，總是希望他人來拯救自己。

抗壓性和工作成就指數息息相關，我在工作諮詢和療癒的經驗中，有些學生不斷地換工作，理由不外乎是無法接受主管／公司的命令和條例、總是找不到自己有興趣的工作、工作壓力太大、被同事排擠。當我爲這些學生做金錢療癒時，發現他們都有一個共同點：抗壓性很低，無論他們是在企業組織工作或自行創業，都很難達到工作上的滿足和成就，所以不斷的放棄每份工作和事業。

3. **情商（EQ）低：**情商是指管理和應對自己與他人之間情感的能力，情商的高低密切地影響著職涯的成功與否，不管從事什麼工作或者什麼職位，工作就是一個與人互動的團體活動，從工作中最容易看出彼此的情商指數，但很大一部分的人對於自己的情緒是處於毫無覺察的狀態，這時情商低的人可能已經冒犯主管、同事、客戶、下屬而不自知。

小泰是一位三十歲的宅男工程師，在目前的公司已經有五年的工作資歷，但薪水從兩萬七緩慢的爬升到三萬二，這樣的薪水根本負擔不起他的支出，因爲小泰在課程消費上都是大手大腳的行爲，從國外老師的行銷課程，到佛學僻靜活動，動輒十到十五萬以上的學費，這些高額費用大多是爺爺協助負擔，或者跟朋友借款才得以成行。因此小泰想釐清自己是否該換工作，爲什麼工作上的職位和薪水升遷突破不了？還有自己不斷地想花錢的心態，究竟爲何？

小泰在小學時父母離婚，由爺爺奶奶撫養長大，而爺爺奶奶爲了彌補小泰沒有媽媽的愛，所以特別的寵愛，總是無條件的滿足小泰的物欲，養成小泰對於金錢沒有概念，只以自己的欲望來消費。這樣的成長經驗，讓小泰開始工作時的抗壓性和情商都很低，如果工作上有同事反駁他的想法和做法時，小泰的內在會立即升起無比的憤怒，雖然一開始都試著壓抑住情緒，但由於他的溝通表達能力還不夠成熟，一旦內在有情緒，有時就會對同事不自覺地做出不當的表達而得罪對方，這也是小泰想要換工作的原因之一。

事實上，小泰從原生家庭養成不少的負面金錢信念，例如財務上的不負責任、自卑感、抗壓性低，又因成長過程沒有父母陪伴在身邊，內心藏著愛匱乏而缺乏同理心，這些金錢心理議題導致小泰在工作上不斷遇到瓶頸。

學習了工作的內外在動機，和工作上的金錢信念盲點之後，請書寫以下四個提問，來認識自己目前的工作狀態。

1. **內在動機釐清：**對於目前整體的工作內容，你能感受到成就感、熱情、自我價值充分利用、自我實現專業的目標、獲得新的學習和精進自己、壓力承受度的平衡、與同事／上司／下屬溝通表達順暢、人際關係和諧嗎？
2. **外在動機釐清：**對於目前的工作，你滿意於薪資和工作職位、年度晉升的調幅、上司和同事的認可、獎勵機制的公平性、專業培訓的提供嗎？
3. **你目前的工作是否達到內外在動機平衡呢？**如果沒有，你希望增加哪些內在和外在動機呢？
4. **在工作或事業上有什麼機會和願景是你渴望獲得的嗎？**如果現在還沒有獲得，你是否觀察到哪些金錢信念盲點阻礙了夢想嗎？

工作和金錢之間有著密切的關聯，這個關係不僅是金錢的交易，它也顯示出個人的價值觀、生活方式的選擇和人生目標的設定。當我們有覺知的看待自己所選擇的工作，平衡工作的內外在動機，可以幫助我們的人生安樂，活出更精彩的生命。

10-3 人際關係與金錢的連結

人際關係是我們生活中極爲重要的一部分，畢竟人類天生是以群居的方式來發展出各式的文化、商業、科技、生活方式，甚至整個進化史都以集體意識來進行，人際關係更是關聯到人的幸福健康指標和長壽元素。

自古至今，金錢遊走在人際關係之間，因爲金錢只存在有人交易的狀態下，否則無法成立。人際關係大致可分爲親情關係、親密關係、職涯關係、社交關係四大類，而金錢在不同的關係中，扮演著不同的角色，這也是爲什麼金錢和人際關係之間存在著複雜的關聯性。

每個人如何與他人相處的方式，來自於個人的個性和整個成長過程與人相處的經驗。然而，進入了社會之後，由於利益關係上的衝突，也會改變我們如何與人相處的模式。例如，當我們有被背叛或被欺騙的經驗，自然會產生不信任他人的意識。相反的，如果我們經常遇到貴人而接受幫助後，也會自然而然的願意爲別人付出金錢或服務了。

人際關係的好與壞，都可能造成金錢議題

人際關係上的金錢問題，不僅發生在人際關係不好的狀態下，因爲有些人在社交上擁有豐富的人際關係，而經常交際應酬，如果這些人的個性天生海派和愛面子，這時大手大腳的出錢請客行爲，往往就是造成金錢短缺的原因之一。

如果人際關係是建立在「討愛」的信念和行爲，不管是親情、愛情或友情，經常會以金錢來收買人心，這種看似好的人際關係，其實是一種幻象。這些用金錢建立起來的關係，也容易因金錢而粉碎。

但事實上，有更多人的金錢議題是來自於無法經營人際關係，所謂人脈就是錢脈，人際關係與金錢之間的關聯，就宛如情感與財富的交會，千萬不能輕視這兩者的關聯。

人際關係不好的原因很多，也因人而異，以下三種原因是我總結出大多數人的共通問題根源：

一、溝通表達不良

這些年來我發現溝通表達是多數東方人的一個大關卡，原因起於教育和文化。東方人視謙卑和沉默爲美德，自小就被教育「不能說」「不要意見那麼多」「在外面要安靜」，被這樣教育出來的孩童，長大後對於自己的想法和意見經常不知從何表達，或者不好意思說出來。

大家可能有這樣的工作經驗，當主管召開公司會議，詢問職員對於案子的想法時，大家通常會趕快低下頭，以免被點名，但也因此減少了工作升遷的機會。對於創業者，更需要成爲優秀的溝通者，不僅對外能夠建立成功的業務發展，獲得客戶的信任；對內領導團隊也需要清晰的溝通表達，才能共同實現目標。

小青在工作上一直有一個怨氣，他認爲自己的薪資和所付出的努力不成比例，但看不到盲點爲何，所以來做諮詢。我發現小青在成長過程中，他的媽媽異常地掌控他講話的權力，甚至強制他不能與同學有社交活動或講電話。等他出社會之後，發現自己對於任何人都無法說出感受和想法，也沒有社交能力，內在的負面情緒總是壓抑到滿出來之後，才以破口大罵的方式來表達，這樣的溝通方式無論是表現在工作或任何關係上，通常都會得到很糟糕的結果。

如果覺察到自己有溝通表達的問題，我建議先練習覺察自己內在的感受和想法，然後以書寫的方式做爲表達管道寫下來，等練習一段時間後，已經能夠流利的以書寫方式來表達思緒，再開始練習把思緒和感受直接用口語來表達。如果身處於情緒的當下，記得**先處理情緒，再表達自己**，否則表達出來的內容只會充滿指責和抱怨，而無法達到有效的溝通。

二、沒有做自己

這聽起來很不可思議吧？試著回想看看，自己與同事／上司／朋友的互動，是否誠實的做自己，還是一直扮演著另一個角色呢？讓我來分享心瑩的故事，就能夠更了解爲什麼做自己和金錢有關聯。

心瑩在不算小的企業裡擔任業務助理七年，但卻一直突破不了工作上的瓶頸，並且對於這份工作感到厭倦，卻不知如何是好。在諮詢的過程中，我觀察到心瑩在人際關係上，有一個較難覺察到的盲點：當她面對新朋友／同事時，心瑩刻意表現出迎合與討好別人的一面，希望得到新同事的友誼（這是她來諮詢前，沒有覺察到的行爲）。但這樣的狀態持續幾個月之後，當她扮演那個角色累了，就開始疏離同事或朋友，難怪她無法建立人際關係。其實這是她從小就養成的習氣，所以看不到這個盲點，也就無從改變工作上的瓶頸。

但看見就是解脫，心瑩認知了這個問題後，開始在所有的關係中練習做自己（這個習氣也影響到她的親密關係），上完課後半年，她離開了業務助理的工作，並且在另一個新的專業領域成功的發展她的職涯。

三、情緒化

個人的情緒狀態和情感表達方式是最直接影響到人際關係的關鍵，而金錢連結著人與人之間日常互動的關係，所以情緒也是影響金錢的主要元素。情緒狀態不穩定的人容易與他人產生衝突，做出不理性的決定，也無法以同理心來看待他人，這些行爲都會造成關係破裂。

歸功於近年來心理學和身心靈學的蓬勃發展，越來越多人開始面對和學習「情緒」這個議題。高情緒化的根源大部分是來自成長過程累積在潛意識的記憶和經驗，長大之後將這些記憶不斷的回播，釋放在所有的人際關係上卻不自覺。

如果希望經營好人際關係，覺察和療癒自己的情緒是非常重要的一環，療癒情緒能夠幫助我們看待事情保持正念，以平靜的情感與身邊的人交流，彼此互助，不僅有益於自己的身心健康，社交上也能輕而易舉的建立豐盛的人脈。

接下來，我們以下面幾個人際關係的提問和書寫，來釐清自己的人際關係狀態。

1. **職涯關係**：在工作場所，你滿意於和同事間的互動、團隊的合作默契、溝通的開放度、建立客戶之間的關係和解決衝突的能力嗎？

2. **親情關係**：與父母和兄弟姊妹之間，有良好的互動嗎？金錢議題是否曾經發生在你們之間的關係呢？如果是，你都如何處理和面對這些金錢議題呢？

3. **親密關係**：和伴侶之間，財務方面的溝通是否透明化呢？你們是否有共同的財務規畫呢？

4. **社交關係**：在社交互動中，你比較傾向以金錢還是良好的信任來建立人脈呢？建立社交關係對你來說是輕鬆或者困難呢？你認爲社交對於你的金錢是否有影響呢？如果有，你會如何建立社交的活化性呢？

第11章
第二本帳簿：回溯過去的金錢細胞記憶——金錢療癒

過去五十年的科學研究證實，人類身心疾病發生的原因，並不在於身體本身或環境，而是來自個人的無意識和潛意識的隱形問題，科學專家稱之為「細胞記憶」。我們的人生經歷並非只停留在大腦的記憶，還記錄在身體的細胞中，以潛意識的狀態存在著。

11-1 金錢細胞記憶，左右著我們對金錢的主觀認知

人生中所有問題的根源都和潛意識有關，也就是細胞記憶，我們日常生活中的重複行爲、思考、感受模式，都如同一輛自動駕駛的車子，從潛意識的記憶自動回播，除非我們有覺察地進入潛意識裡更改方程式，否則我們的信念系統是不會改變的。

當人生經歷的創傷程度越強大，細胞記憶就會越強，而影響我們日後的行爲也會越深刻，它甚至可以如同DNA般的遺傳給後代。以細胞記憶的理論來應用在金錢療癒上，我們更能夠理解爲什麼改變目前的金錢問題，需要深入挖掘潛意識的記憶，和探討個人的天生個性。

多年來，我透過幫助數千位學生解決金錢議題的經驗中發現，**人在財務上的議題，絕大多數和金錢本身無關，而是和金錢細胞記憶有關**，所以了解自己的金錢細胞記憶是極其重要的事。我將金錢細胞記憶簡單的分成以下兩部分：

一、**前世記憶（不可抗拒的命運因素）**：靈魂將前世所累積的金錢細胞記憶帶入這一世，而形成所謂的個性、天賦和金錢上的因果業力，這部分的細胞記憶撲塑

迷離且難以控制。但以我解鎖前世金錢細胞記憶的親身經驗發現，**「深入的覺察練習」和「勇敢執行內在熱情」是打開天賦和突破因果業力的兩把金鑰匙。**

二、**成長過程的金錢記憶：**今世成長過程所累積的金錢經驗，形成今生絕大部分的金錢信念、行爲和情緒，也是我們和金錢之間關係的來源。所以對於解決經常摸不著頭緒的財務問題，或者關係上的金錢衝突問題，使用引導式地回溯金錢經驗，是必要的療癒方法。

《致富心態》（*The Psychology of Money*）一書的作者摩根．豪瑟（Morgan Housel）在書中提到：每個人的金錢經驗對於世界經濟只有千萬分之一的影響，但對這個人來說，它卻代表了自己是如何在看待世界金融運作方式的八〇%。也就是說，從個人的金錢經驗所累積對金錢的主觀認知和感受，即使對整體的金融體系來說微不足道，但是對於個人來說卻是影響財富的主要因素。

打破金錢家族輪迴

中國人對於「富不過三代」這個鐵證定律總是深信不已，然而美國石油大亨約翰．洛克菲勒在一八七〇年建立標準石油公司之後，高峰時期曾壟斷美國九〇%的石油產業，成為史上第一位億萬富豪。洛克菲勒家族從發跡至今已經綿延六代，很神奇的是這個家族的後代子孫絲毫沒有出現頹廢和沒落的跡象，這要歸功於這個家族的每一代都遵照約翰．洛克菲勒的遺訓，讓孩子們從小就學習財富觀念，尤其聚焦在**「崇尚節儉」和「熱中創造財富」這兩個金錢信念的培養，**所以每一世代的孩子不僅守住家族原有的企業，而且創造出全新的事業模式。

然而，並非每個家庭都如同洛克菲勒家族，讓孩子從小開始培養正確的金錢觀念，相反的，大多數的父母沒有發覺到自己的負面金錢觀念，而一代傳一代的留下這些金錢信念，形成我所謂的「金錢家族輪迴」：阿公窮→爸爸窮→兒子窮→孫子窮。

但是，如果其中有一代停下來思考和檢視自己：究竟我的信念中有什麼金錢盲點，造成目前的財務上千瘡百孔呢？為什麼我的爸爸和阿公也有類似的金錢問題呢？只要開始對自己的金錢信念有所思辨，接下來的新世代將翻轉這個家族的財運！

11-2 書寫你的金錢回憶錄

每個人都有一個屬於自己的金錢故事，有些人的故事多到可以寫成一本厚厚的書，有些人也許只有寥寥幾頁，它記錄著我們從有記憶的童年金錢經驗開始，小小的孩子用眼睛看、耳朵聽、和內心的感受，毫不自覺地學習著撫養者和周圍的環境對於金錢所散發出的各種情感，像是憤怒、恐懼、內疚、羞愧、壓力、幸福、自豪、喜悅等等，然後吸收成爲自己和金錢在這一世的關係。

這些記憶可能是目睹父母爲了金錢吵架，甚至延伸到言語或肢體的家暴；或者經驗過父親賭博成癮，僅由母親一人做工養家的窘困經濟狀態；也可能是從小備受父母寵愛，滿足一切的物欲；或者從小父母就有意識地教導自己存錢和消費的基本財務知識。這些點點滴滴的金錢經驗和記憶的串連，編織成我們的金錢故事。

金錢經驗影響著我們如何選擇工作、人生夢想的追求、所有的財務決策，甚至影響我們如何選擇人際關係、親密關係和健康關係，它對於每個人的影響大過於我們可以想像的程度，甚至可以幫助我們找到「我是誰」——這個一生當中最重要的答案。所以我認爲現代社會已經走入以金錢來覺醒的時代了。

書寫金錢回憶錄的過程即是療癒的過程

現在你一定很期待進入第二本金錢心靈帳簿的探索吧！這是一本向內連結心靈，向外連結物質世界的魔法之書，我將引導你如何書寫一本屬於自己的金錢回憶錄。你知道嗎？極少數人有機會以回顧自己的金錢經驗，來找回自己的財務、關係、愛，甚至靈魂的道路，而我就是那個受益者，所以請接受我的邀請，敞開你的心，走向這趟金錢的奇蹟之旅。

我想先給你一些小提醒：當你在書寫金錢回憶錄的過程中，一開始可能寫不出來或者印象模糊，這時你需要給自己一些時間來打開潛意識的記憶庫，漸漸地，小時候的種種記憶會開始湧現，甚至連五歲時的記憶都歷歷在目。

如果你在書寫過程中有情緒流出，也許感受到傷痛、羞愧、成就感或悔恨，記得讓這些感覺和情緒充滿你的心、你的眼淚、你的肢體，學習放下抗拒情緒的展現，讓自己在感受的流動中接納它們，這也是金錢療癒的一部分。如果記憶的情感太難承受，可以停下筆，做幾個深呼吸，或到外面走走，等內心平靜下來之後，你會發現潛意識的記憶開始不斷的浮現在腦海中，這時你會迫不及待地想記錄下這些遺忘的陳年往事。

金錢回憶錄的書寫將帶領你經驗一個爆發性的療癒過程，這是我和許多學生們都體驗過的奇蹟之旅，有些學生在書寫金錢回憶錄的過程，因爲大量的釋放累積已久的情緒，能量開始像大河般的流通，而有意外之財流入帳戶，或者失業者突然獲得工作機會，所以千萬不能小看這個書寫的力量喔！

不過坦白說，我有一半以上的學生對於書寫金錢回憶錄有所抗拒，這是很正常的反應喔，尤其是曾經歷過重大金錢傷害的人，回顧這些塵封已久的記憶並不容易，有些學生剛開始書寫時，頭腦一片空白，這是因爲頭腦裡的防衛機制拒絕重新翻開這些創傷檔案。所以當你開始寫金錢回憶錄之前，我會建議你先傳達訊息給大腦，讓它知道你是因爲愛自己，才會重新打開這些被小心翼翼鎖著的記憶抽屜，請大腦允許你運作這些記憶抽屜。

因爲我們鮮少有機會去回顧金錢在我們的成長過程中所扮演的角色，所以當你開始記錄自己的金錢歷史時，很可能會連帶著回憶起和金錢相關的其他人事物，當有一些不好的記憶湧上心頭時，盡量不要去批判自己或他人，嘗試把這個回憶錄當成電影放映機，讓一幕一幕的影像流過，然後寫在紙上。

金錢回憶錄的書寫小撇步如下：

1. **靜下心分段書寫**：當你準備開始寫金錢回憶錄之際，我希望你能找一個很安靜的地方坐下來，首先閉上眼睛，做幾次深呼吸練習，然後傳送訊息給大腦。剛開始你可能無法記得小時候的金錢經驗，慢慢來，因爲把舊記憶翻出來需要一些時間。當你著手開始寫時，首先把記憶鮮明的部分依照年齡階段寫下來，然後放下筆去做其他的事。當你在做其他事時，你會發現許多記憶開始不經意地湧進心裡，因爲你已經打開潘朵拉的盒子了，這時再繼續寫第二遍、第三遍，直到你覺得已經把所有的金錢記憶都倒出來之後才停筆。

2. **善用日曆和行事曆幫助回想**：有些學生使用行事曆或履歷表來幫助他們依據年齡回想一些金錢相關事件，如果你有寫日記的習慣，那麼日記將會是一份很好的參考資料，有些人甚至訪談自己原生家庭的成員，來幫助自己回溯成長過程的事件。書寫時盡量把當時的金錢情況和你的感受描述下來，這樣對於整個療癒將會有更大的效果。

3. **以五到十年分階段書寫**：從五歲到目前的年紀之間，以每五或十年爲一單位，一一記錄下每個年齡階段對於金錢相關的經驗：包括家中經濟的變遷、父母的金錢信念和行爲、你面對當下金錢狀態的情緒、你出社會後的工作狀態、你和伴侶之間的財務處理狀態、你對兒女的金錢教育方式等等，詳細地記載下來。

4. **真實面對內在創傷：**當你在書寫的過程中如果情緒太激動，最好放下筆，到外面走一走，做一些深呼吸練習，隔天再繼續寫，但不要因爲心裡的抗拒而放棄完成這份金錢回憶錄，只有讓自己眞實地面對內在的創傷，才能走出金錢陰影，而不是讓這些記憶將你一輩子困在這座陰暗的金錢森林裡。

當你完成這份金錢回憶錄之後，好好的獎勵自己吧！因爲這不是容易的功課，你已經非常勇敢的走過這座金錢大森林，無論過去在金錢上有多少的風風雨雨，經過這次的金錢療癒後，你將在這條金錢道路上走得更安穩（如第172頁範例）。

金錢潛意識療癒的自我對話

完成了金錢回憶錄之後，透過書寫的過程，你可能或多或少已經覺察出目前財務問題的根源了。舉可麗爲例，她在三十八歲時，透過多年的財務規畫後擁有一筆爲數不小的存款，一般人理當會運用這筆錢來買房子，但是可麗卻對於買房藏有恐

金錢回憶錄範例：

5 － 10 歲	• 很小的時候，看見媽媽拿著玩具逗妹妹玩，心裡很嫉妒而立刻搶下媽媽手中的玩具跑掉，被媽媽指責怎麼可以這樣！對於自己從媽媽手中搶玩具的畫面不知為何深植在心中 ，內在覺得虧欠和自責，到小學之後都還常常躲在棉被裡偷哭。 • 和妹妹一起上幼稚園，第一次參加校外教學很興奮，媽媽和舅舅為我們準備了乖乖和水壺，覺得原來錢（乖乖）可以成就心中的期待，而且帶來更多的快樂和滿足。 • 八歲時父親退休，但是退休金被朋友借了不還，母親很生氣直說那些錢可以買一間花園新城的房子了。 • 家中環境越來越不好，因為父親沒有工作，換成母親去家庭工廠上班。母親有幾次去拜託校長讓我的學費分期付款，還常叫我跑腿去雜貨店買醬油或沙拉油和米，有時會欠帳下次再還。
11 － 15 歲	• 媽媽去幫傭的那戶人家很有錢，在和平東路附近，這家的小孩很喜歡吃多拿滋，我第一次吃多拿滋和國外的巧克力都是這家有錢人給的。 • 因為我和有錢人家的小孩正好同時感冒，有錢太太叫司機載我們去中山醫院看醫生，這是我第一次去醫院而非診所看醫生，這對當時的我來說覺得不可思議，驚訝於有錢人家的生活。 • 十二歲時和同學一起做家庭代工聖誕樹裝飾品，做得很開心，因為可以擁有自己的零用錢了。 • 國三時在班上保持前三名，當時這個成績可以減免下學期的學費。

懼的情緒。可麗在書寫金錢回憶錄的過程中，回憶起小時候經常聽到父母對於房子的抱怨，雖然父母好不容易買下那時所居住的房子，但卻經常抱怨買房是一種「金錢陷阱」，因爲老是花錢在整修房子上，如果是在租屋的狀態下，就不必花這些錢了。可麗當時年紀雖小，卻無意識地吸收「買房是金錢陷阱」的金錢信念，導致於長大後認定買房就是錯誤的財務策略。

接下來，你將進入金錢潛意識的深層療癒，透過金錢回憶錄的書寫內容，和以下提問的自我對話，將引導你挖掘出潛意識裡對金錢的信念，而更有覺知這些信念是如何塑造出你目前處理財務的策略、面對金錢的情緒、和人生目標的決定。

1. 在你的成長過程中（十二歲之前），家中的經濟環境如何？這個經濟環境帶給你什麼樣的金錢經驗？
2. 你的父母或其他撫養者是否善於財務處理？他們有囤積症、花錢上癮症或者較明顯的負面金錢行為嗎？
3. 在你的成長過程中，曾經歷過父母為了金錢而爭吵嗎？當時你有什麼樣的反應呢？
4. 你的父母或其他撫養者有什麼樣的金錢信念和行為？（例如很節儉／愛面

子／對孩子的用度很大方）。請分開寫爸爸、媽媽、和其他撫養者的金錢信念和行爲。

5.從提問4的回答中，你可以覺察到自己目前有哪些金錢信念和行爲是沿襲自爸爸或媽媽嗎？請以正面信念和負面信念分開書寫。

6.在求學階段，你經歷過老師或同學，以家境貧富的角度來對待你嗎？你曾經以金錢來獲取老師或同學的關愛嗎？

7.在親密關係中，你和伴侶能夠開誠布公的談論金錢嗎？你能夠釐清自己和伴侶在金錢觀念上的差異點嗎？

8.從金錢回憶錄中，你是否覺察到有什麼金錢經驗或事件，形成你目前的財務問題或金錢情緒嗎？請先列出目前的財務問題和金錢情緒，再一一的探索它們的信念根源。

放下過去，才能擁抱新未來

完成了金錢療癒之後，你應該已經梳理出一些細胞記憶中的金錢盲點了，這些過去的金錢經驗所存留下來的負面信念，已經不再適合你了，你值得更輕鬆的賺錢，更喜悅的使用金錢，讓金錢成爲幫助你完成夢想的工具，這就是金錢賦予我們的意義！

所以接下來，你將轉變這些影響財運的負面信念，我知道改變長久的習氣是一個痛苦的過程，但是如果你已經看穿這些造成金錢問題的根源而堅持不改變的話，在心理上會形成大腦和心相衝突的狀態，那麼未來的日子會更加艱難。我們唯有放下過去的包袱，富足的未來才有可能出現。

首先在日常生活中，你需要練習覺察金錢盲點，當它們再度呈現出來時，要有覺知的停止念頭和行爲。

我們再回到可麗的故事來做說明，可麗從回溯金錢經驗中，找到爲什麼自己的內在對於買房有恐懼情緒的隱形根源，它是來自父母的金錢信念。可麗決定以房地產來做爲投資標的時，這個恐懼情緒一定會從潛意識中浮現出來，當可麗覺察到這個感受，她需要有覺知的在內心告訴自己：這不是我的金錢信念，買房並非金錢陷阱，我可以放下這個舊信念了。

當我們有意識的放下不適合的信念後，下一個步驟是認知自己對未來所渴望的人生核心價值是什麼？然後建立新的信念。可麗發現自己對於投資房地產有濃厚的興趣，她決定花時間和金錢學習房地產，當她有能力掌握房地產的知識後，才發現買房是可以複利增加資產的投資工具，而非父母所認同的錯誤財務策略。

建立新的信念之後，你需要重複訓練大腦這個新的訊息，並有行動力的執行這個信念，才能將新的思緒和感受鞏固在大腦神經元裡，成爲未來的新行爲。可麗經過一段時間學習房地產之後，內心逐漸克服對於買房的恐懼，之後還成功地成爲一位優秀的房地產仲介。

11-3 愛自己，也是一種財富

我們很少被教育到什麼是愛自己或如何愛自己，相反的，從小總是被大人教導要犧牲自己，壓抑自己的感受，或愛自己是一種自私的行爲等等的錯誤道德觀，我們將這些細胞記憶根深蒂固的植入潛意識裡，等到長大後需要面對社會大眾時，大多數人便不經意的表現出對自己沒有自信，不敢表達自己眞實的想法，需要他人大量的愛來證明自己，或者永遠把自己的需求擺在最後等等不愛自己的行爲。

認識「愛自己」的眞諦

很多人把愛自己誤認爲只要做出寵愛自己、購買物品給自己、做SPA、吃高級料理、國外旅行等等的外在享受就是愛自己的行爲，實則不然。這些年來的諮詢工作中，我發現大部分的學員不管是在金錢、關係、愛、健康中有痛苦的狀態時，其問題根源大多來自於「不夠愛自己」，卻很少有人意識到這個人生盲點，而且對於什麼是愛自己、爲什麼要愛自己、如何區分愛自己和自戀等等的問題迷惑不已。

所以讓我們先來探討以下四個愛自己的主題：

1. **為什麼需要學習愛自己**：有些人認爲即使不懂得愛自己，也能大方的給予別人很多的愛。但事實上這是一種表面的幻象，因爲當我們沒有完整的愛自己時，心是關閉的而感受不到愛，也無法同理別人的感受，所給予出去的愛往往是有條件的，同時希望得到別人的回報，而產生情緒勒索。

當我們從心底愛自己、尊重自我，很清楚自己是值得無條件的被愛和去愛人時，根本就不需要依賴其他人來證實這份愛。做到愛自己的狀態後，我們會用心來感受自己，而不是以頭腦來批判自己的對錯，也會以內心深處那個強大的愛，同時愛自己和他人，因爲我們本身就是一個完整的宇宙，有強大的包容性。

2. **如何分辨愛自己和自戀**：自戀是有些人過分自私於本身的不足、虛榮和權勢，他們非常需要藉由別人對自己的認同來肯定自己。而眞正的愛自己是不自誇，卻對自己有自信。眞正愛自己的人會時時刻刻的做自己，發揮自己的潛能，因而也能夠包容別人做自己，不嫉妒別人的成就。

3. **如何分辨愛自己和縱容自己**：在市面上有很多廣告會以「犒賞自己就是愛自己的表現」來宣傳產品或服務，不可否認這是自我照顧的行爲，但並非眞正從內在來愛自己。我們也許可以從物質上的享受來暫時麻痺不愛自己的問題，例如購買一個愛馬仕包包，它可以短暫抒解工作上的龐大壓力，但是如果不去面對自我壓榨的工作狀態，這個犒賞行爲會慢慢地轉爲花錢上癮的另一個問題。

當我們有覺知的做出愛自己時，對人生的喜悅不會是來自物質欲望的滿足，而是對自己的身體、思緒、情感都保持正面的看法，並且能做到「自我接受」「自我尊重」「自我照顧」「不批判自己」和「自我誠實」。

4. **愛自己之後就不需要做任何的自我改善嗎：**我們常說愛自己就是要接受自己的全部，那是不是就不必改變自己呢？接納自己，是愛自己的第一步，因爲如果沒有先學習接納自己的一切，很容易產生批判和反抗自己的陰暗面，這個狀態反而會遠離愛自己的學習。

當我們眞正的接納自己之後，一定會希望自己的人生富足和喜悅，所以渴望改變自己的負面信念和行爲是愛自己的必然過程，更進階的愛自己是精進自我成長來認識自己，完全活出自己的本質。

愛自己的饑荒者

我把不愛自己的人，稱爲「愛自己的饑荒者」，愛自己的饑荒者在生活上會呈現出他們在身、心、靈三個層面的匱乏，以致於影響到他們的家庭、伴侶關係、人際關係，而在工作和金錢上，不愛自己的狀態往往是首當其衝的問題關鍵點。

如何看出自己是否有「愛自己的饑荒者」狀態呢？以下有十三個狀態，如果有三個以上的狀態呈現在日常生活中，就顯示出有不愛自己的心理和情感。

1. 無時無刻不批判自己。
2. 總是覺得自己不夠好、不値得。
3. 對自己過分的嚴格，但對別人卻相對的放鬆。
4. 對自己的期望很低。
5. 看著鏡子，只看到自己醜的一面、不完美的一面。
6. 無法相信自己的判斷力。
7. 沒有自信。
8. 經常害怕被拒絕。

9. 在乎別人的眼光。
10. 無法接受別人的讚美。
11. 對於盡情發揮自己的才能感到恐懼。
12. 需要別人的認可。
13. 總是把自己的想法和欲望放在一邊來討好別人的需求。

當我們不愛自己時，會如何影響財富呢？

從以上學習愛自己的眞諦後，我們可以看出愛自己和金錢之間有著密切的關係，這兩者之間的關係影響到我們的金錢觀、自我價値感、親密關係之間的金錢心理議題、工作和健康之間的平衡、家庭和生活的和諧度，所以當我們探討自己的金錢議題時，需要同時審視愛自己的心理和情感狀態，因爲身爲一位「愛自己的饑荒者」，通常在金錢和關係上也會是一個饑荒者。

當我們不愛自己時，會對財富有下列影響：

1. **限制收入來源：**愛自己的饑荒者會無意識地對自己沒有自信，甚至擁有低自尊。這個心理匱乏感造成很多人在職涯和事業上的收入問題，因為無論上了多少課、拿了多少張證照或擁有多年的工作經驗，都不足以讓他們認定自己的能力，而不敢爭取高位階和高薪。這與學歷的高低無關，我引導過不少高學歷的學生也存在同樣的議題。

自信心的匱乏來自於成長過程中長年被批判，這樣被洗腦的記憶是不容易消失的，即使已經長大成人，內在還是停留在孩提階段的意識，堅信那些批判自己的言語，而限制了發展工作和事業上的潛能，更不敢相信自己有成功的一天。

2. **缺乏創造財富的目標**：愛自己的饑荒者在看待人生上傾向於負面的思緒，對於人生缺乏熱情而導致沒有生活的動力，在這樣的狀態下做起事來總會過於保守，很怕冒險或嘗試新的財務機會，也無法明確看到創造財富的目標。

這是不少現代人目前的金錢議題根源，我常聽到有人是這樣描述自己的人生和財務處境：「我想要財務上豐盛，但不知道該做什麼，也看不到人生的遠景和目標，對於人生我很無感。」以我的諮詢經驗來看這個現象的由來，是因為他們在生活中很少聚焦在自己的身上，反而把自己的力量給予他人，才會對於自己的人生感到迷茫，看不到未來。

3. **無界線的金錢流失：**愛自己的饑荒者有一項特質是，在工作或關係上爲了討好對方而壓抑自己的情緒和需求，由於缺乏拿捏的界線，也無法拒絕別人的要求，加上習慣性的付出金錢和情感，總是退到無路可退的地步，才傷痕累累的爆發情緒或離開對方，但是金錢和情感卻也收不回來了。

塔可在國外擁有醫療設備的事業，幾年前她經歷了一場事業風波，當時她和一位事業夥伴共同經營這個很有市場的公司，雖然公司的營利不錯，但塔可深感身心疲憊，因爲合作夥伴總是不斷地提出不平等條件來增添自己的利益，塔可表面上一一接受了對方的條件，內心卻怒火難消。

當我們做金錢療癒時，塔可提到自己在成長過程中，媽媽對她採取傳統東方人的親子關係教育方式，即使自己已經做到極致了，或者整個狀況非常的不合理，只要塔可爲自己辯解一句話，媽媽就一個巴掌打下來，她無法說出自己的委屈，只能獨自回到房間裡哭泣。更不可思議的是，哭完之後，塔可還要做個孝順的女兒，先向媽媽道歉。

塔可長大之後，習慣性的在各種關係上隱忍，敢怒不敢言的個性造成在事業上無法得到平等的待遇。可喜的是，從金錢療癒中，塔可突破了愛自己的饑荒者狀態，勇敢的與事業夥伴溝通，表達出自己的想法和提出條件來買下夥伴的股份，而終止了這個合作關係。

愛自己是打開金錢能量的鑰匙

這些年來，我協助過的金錢療癒個案，幾乎都是在引導他們把自己愛回來，從愛自己的饑荒者的角色跳脫出來。當我們眞正的認識自己和愛自己之後，看這個世界的角度就會有所不同，因爲「愛的能量」可以創造出任何奇蹟，我已經經歷過無數的人因爲重新愛自己，而打開了金錢能量。

月瑄是從臉書社交平台認識我，追蹤了一年後決定來做金錢療癒。當時她已經三十三歲了，工作穩定也沒有財務問題，爲什麼想療癒自己的金錢議題呢？月瑄說：「我想了解爲什麼我對金錢無感，另一方面也想學習如何規畫財務來購買第一間房子。」

月瑄的金錢故事如下：

她在成長過程經歷過多次媽媽自殺未遂，從小學開始每天都會擔心回家後是不是又要面對媽媽自殺的情境，這些經驗導致她長大後，看待任何事都會以最壞的情況來做預設，更不相信好事會發生在自己的生命當中。

月瑄的媽媽從小就灌輸她盡早賺錢，才能拯救她離開這個家的觀念，媽媽把自己的不幸加諸在年幼的孩子身上，而月瑄也全然地信任媽媽所傳達的悲情家庭事件，所以從小就立志以賺錢爲人生目的，從高中時期就開始拚命打工存錢。然而在月瑄二十出頭時，整個人生瞬間顚倒，因爲她意外得知小時候媽媽所描述的家庭狀況並非眞相，而是媽媽的幻象。對此月瑄非常氣憤媽媽的欺騙，多年來都不願意原諒媽媽，而最糟的是，她同時也對於賺錢這件事完全失去動力，有可能是她把「賺錢」和「媽媽」在潛意識裡畫上等號。從此月瑄無法敞開心面對自己和任何人。

月瑄曾經尋求心理醫生的幫助，吃過一段時間的憂鬱症藥物，但都無法解除內心對於媽媽的不諒解而糾結著，而且對於工作和人生也沒有熱情，深深地覺得活著很沒意思。她在金錢療癒的過程中，一開始非常反抗去看見內在的自己，更不願意原諒媽媽，宛如那是一種曾經眞心的愛過和信任過，但卻被背叛的創傷。

我引導月瑄的方法是，慢慢的帶領她去愛自己的身和心，引導她認知過去所經歷的創傷雖然無法改變事實，但可以藉由愛自己而慢慢的放下，因爲她值得爲自己而活。當我帶領月瑄練習與內在小孩和解後，她才恍然大悟，原來自己的內在還停留在十歲的那個小女孩意識，並沒有長大。在短短幾個禮拜的療癒之後，月瑄突破了內在糾結的瓶頸，她形容自己好像看見了隧道盡頭的光，內心的恨開始融化，甚至還著手修復和媽媽之間的關係。兩年後月瑄不僅買了房子，也幸福的結婚了。

第12章
第三本帳簿：走入未來的財富規畫

透露一個我自己的財務支出小祕密，這輩子我花掉最多錢的區塊，絕對是實現自己所有的渴望與夢想，包括學習陶藝、創立藝廊事業、世界各國旅行和創立金錢心靈事業。我是那種如果有夢想點子出現時，一定得如實地親身經驗過的人，對我來說，不實踐夢想就如同一根魚刺哽在喉嚨，日子過得很難受。即使過去因這些大夢想而花掉了幾百萬台幣，但所有的體驗絕對是「無價」，也不曾後悔花掉那些錢，甚至感謝自己有賺錢和財務規畫的能力，才得以活出這樣的人生。

12-1 將夢想實質化和數字化

事實上，每個實現後的夢想所學習到的知識、智慧、經驗，都可能以「複利」的方式延伸到未來的工作和事業上。例如，我創立藝廊事業的那四年，學習了美國人在商業上的人際關係文化、主動幫市政府承辦每月一次的藝術街活動、營銷多位藝術家的作品、每個月為了平衡財務收支而創作更多的陶藝品等等。這些事業經驗讓我得以在下一份的財務工作上，展現出更強勁的組織能力、溝通能力和領導能力，而獲得資深財務部經理的職位。依我來看，這些實際的人生體驗，即使我花上同樣金額的錢，也很難從任何的課程或老師那裡學習到這麼深層的知識和智慧吧！

把夢想放在有光的地方

所有的人生夢想幾乎都需要金錢來實現，我之所以能夠執行那麼多的渴望與夢想，源於我從很年輕時就有存錢和規畫財務的習慣，除了經營藝廊事業時曾經以低利率貸款了三萬美金之外，我從來都不曾借款來實現夢想。也許有人會認為那是因爲我有財務背景，所以做起財務規畫易如反掌，實則不然。我在美國工作時得知，我的財務部同事們，大多數都是月光族或者負債累累。我認爲眞正會開始思考該如何完成自己的渴望願景，是當我們對於自己的人生充滿了熱情和目標，這時規畫財務便會自然地成爲思考和執行的重要部分之一。

在第6章的「存錢，是有撇步的」章節中，我已經提到存錢需要目標化和量化的原因和方法，其中的目標化和量化就是指「夢想實質化和數字化」。有些人認爲個人財務規畫不重要，但以金錢心理層次來看，那是因爲他們還無法找到自己渴望實現的夢想，或者他們並不相信自己能夠實現這些夢想，所以執行的力量就會很弱，那麼財務規畫對他們來說就可有可無了。

但是我眞心希望每個人都能擁抱自己的夢想，並且去實踐它們，因爲每一次我們碰觸到自己的夢想後，對於人生和自己本身會有更深層的自信和喜悅感受。我這輩子最大的資產就是從小到大擁有很多的夢想，並且勇敢地去實踐它們，所以我經歷過比一般人更豐富的人生，雖然過程有非常多的挑戰和困境，但也激發出更多內在解決問題的天賦。

我希望你在閱讀這本書時，你內在的夢想已經蠢蠢欲動的鑽出來了，千萬不要把它們再放回陰暗處喔，而是讓它們在有光的地方發酵！這時，你可以將它們一一的寫下來，準備開始實現吧！

12-2 最簡單上手的收支表／資產負債表

財務規畫最主要目的是幫助我們把人生的夢想實質化和數字化，這樣才能讓心靈和財富同時自由。對於沒有財務背景或者看到數字就頭痛的人，可能會主觀的認定財務規畫很複雜，而不願面對自己的財務數字。我在美國十七年的財務工作經驗，經歷了記帳、稅務、財務分析、每月財務報表、每年預算和稽查等等，非常繁瑣。我不可否認，正統的財務和會計知識並非簡單之事，尤其是處理整體的企業財務，需要多人分工才能完成。

但也因爲我擁有多年的財務經驗和知識，才懂得如何化繁爲簡的設計出個人收支表和資產負債表，每月只需花兩個小時，就能輕鬆產出財務報表。從財務數字的分析中，不僅幫助我們完成此生大大小小的夢想，同時還能了解自己的金錢信念、消費行爲和金錢情緒，可說是一本靈魂之書。

會計基本概念是財務規畫的基礎

在進入財務報表的引導之前，我們先來了解基本的會計概念，否則對於生活中的收入和支出款項會不知道如何記錄而錯放了報表項目。我所設計的收支表是以現金流的方式來記錄（以現金進出的時間點爲記帳日期，而不是交易的時間點），而資產負債表只是記錄資產和負債兩部分（一般的企業財報還有「股東權益」部分）。個人財務會計基本概念如下：

收支表：故名思義就是記錄收入和支出所有活動項目的金額，每個月的收入總額減去支出總額之後，將得到當月的淨收入數字。如果淨收入數字爲正數，這代表著財務狀況的第一個健康綠燈亮起。如果淨收入數字在○的邊緣，這顯示出月光族的財務狀態。而淨收入數爲負數時，表示應該重新檢視和改變工作型態或者消費行爲。

收入：每個月眞正賺入的金額並且已存入銀行帳戶，或者保留現金，都需要依不同項目記錄。例如，薪水（如果有多於一份工作，分開記錄）、房客租金、投資紅利／配息（已從投資帳戶提出並轉入銀行帳戶）。

個人財務會計基本概念

收支表＝實收入－支出

★現金流記錄方式
★收入：工作收入、投資紅利／配息收入、租金
★向別人借錢≠你的收入→資產負債表的應付帳款
★支出是你真正為自己和家裡所付出費用的款項
★代購代墊≠你的支出→資產負表的應收帳款

資產負債表＝資產－負債＝淨資產

★記錄每月最後一天的資產和負債所有項目的結算金額
★資產：銀行的存款、有形資產、長短期投資、應收帳款
★房子／車子的資產額一年查詢一次即可
★負債：信貸、卡債、私人借款、房貸／車貸、應付帳款

錯誤的收入記錄：賣掉股票的現金（應記錄在資產負債表的銀行帳戶），向他人借款／別人幫忙代購（應記錄在資產負債表的應付帳款）。

支出：每個月從銀行帳戶付出的現金，依照消費項目來記錄。信用卡付款的項目需要和銀行轉帳分開記錄，因爲信用卡的消費和付款時間通常相差一個月，應以付款日期來做爲記帳日期。

錯誤的支出記錄：購買股票／投資標的（應記錄在資產負債表的投資項目），借款給他人／幫他人代購（應記錄在資產負債表的應收

帳款）。

資產負債表：記錄所有資產和負債的活動項目金額，每個月底的資產減去負債的金額，就能得到當月的淨資產。大多數人對於資產負債表比較不熟悉，也很少記錄，但這個報表才是讓我們眞正了解自己目前財務狀態的整體表現，因爲資產負債表是以累計的方式在記錄，每個月底所呈現出的數字，可以一目了然的看到銀行存款、投資、信貸、房貸等等的總額，這是收支表完全做不到的功能。

爲了讓沒有財務背景的人能夠輕鬆的記錄資產負債表，我所設計的表格只需要把每個月最後一天的結算數字塡入表格中，例如九月份銀行項目的玉山銀行，塡入九月三十日的銀行帳戶餘額即可。房貸也是塡入九月三十日爲止的房貸總餘額。

資產：包括銀行帳戶、長短期投資、有形資產（房子／車子）、應收帳款等等。這裡的投資項目只需塡寫每月底在投資帳戶的總金額，而每個月買賣的投資活動需要另外記錄細節，而不是記錄在資產負債表中。

負債：包括各種貸款和借款，例如房貸、車貸、信貸、卡債、應付帳款等等。幾乎所有大筆的貸款都是以月付逐漸償清的方式，每月付款金額會顯示在收支表的「支出」項目，而資產負債表的總負債數字則是逐月減少。

輕鬆學習財務報表

我使用眾人皆知的Microsoft Excel軟體來設計財務報表（以下簡稱爲「瑜芬財報」），而不是市面上已經發行的記帳APP，原因是幾款知名的中文記帳APP經過測試之後，我發現絕大多數的APP只記錄收入、支出和銀行管理，僅能夠從圖表中大約看出每月的收支曲線圖，無法一目了然的從一頁報表中來分析月和年收支的每個數字，更不用說是記錄非常重要的資產負債表。

記帳vs財務報表

一般人以爲有記帳的習慣，就是財務規畫的全部，事實上，**記帳只是製作收支表的第一步而已，而財務規畫則是需要同時在收支表和資產負債表中執行。**舉例來說，現年二十八歲的小美每個月有四萬薪資收入，計畫在未來買下一間一千五百萬的房子，所以她需要存下二〇%的頭期款，也就是三百萬。小美計畫每個月從薪資自動轉帳兩萬，投資在五%利率的定存，經過計算之後顯示，小美這個買房夢想可以在大約十年後，三十八歲時達成！

小美每個月自動轉帳的兩萬元該如何記錄在財務報表呢？因爲這兩萬元既不是收入，也不是支出，所以無法記錄在收支表上，而是應該把兩萬元記錄在資產負債表中的「投資／定存」項目，因爲資產負債表是每月累積的計算方式，小美能夠從這個表格隨時知道自己還離買房的夢想有多遠，這就是夢想實質化和數字化的典範。從這個例子應該更容易了解爲什麼財務規畫必需同時記錄資產負債表了吧。

瑜芬財報：收支表

我建議每個月的第一個禮拜選出一天來完成上個月的財務報表，依照自己財務上的複雜度，和對於財務知識的熟悉度，每個人完成的時間也會有所不同，所以具備耐心也是完成每月財務報表的必備條件喔！（請看第198頁收支表）

收入區塊

這應該是最容易塡寫的部分，如果有多種收入來源，最好將它們一一列出不同收入項目，以便在年末做收入的財務分析。這個表格的最大功能是在於最後一欄的收入總結，每個月都能從這個數字看出自己今年目前的總收入數字，尤其是自由工作者，可以藉由這個數字來看出是否已經做到年收入達標的預算。

支出區塊

在會計基本概念提到，因爲信用卡的交易和付款時間點不同，在瑜芬財務表中，我們是以現金交易的時間爲記帳日期，所以我在支出區塊，將信用卡支出和現金／轉帳支出分開記錄。

信用卡消費細節，可從當月付款的網銀帳單中獲得，支出項目的內容可粗可細，完全依照自己注重哪些項目的數字來設計。例如我自己在記錄信用卡支出項目時，因爲不需要了解超市買菜的細節，我將帳單上的家樂福／全聯金額加總，放在「超市買菜」項目，但我分開記錄「捷運費」「醫藥費」「娛樂／餐飲」等項目。

日常生活中的現金消費支出，建議使用簡單的記帳ＡＰＰ，例如碎碎唸記帳。每個月開始填入「轉帳／現金支出」項目前，先下載ＡＰＰ當月的現金交易記帳，然後依照「轉帳／現金支出」底下的支出項目填入每項總金額。而轉帳的支出細節，可以從網路銀行下載每月金流報表，再依照自己設計的支出項目填入。

貸款 2														
水／電／瓦斯費														
電話費（手機／家用）														
買菜錢（食物／飲料／家用）														
餐廳／外食														
健康醫藥費														
美容用品／做頭髮														
娛樂費														
逛街：衣服／電器														
小孩費用														
教育費														
旅遊費														
保險費 1														
保險費 2														
公益捐款														
生活雜費														
稅－車子														
稅－房子														
稅－個人所得														
現金／轉帳總額														
月支出總額														
每月淨收入														

備註：

1. 所有的收入／支出項目請隨著自己想記錄的方式調整。
2. 現金支出：如果不想記錄小金額，可以以「生活雜費」來加總。
3. 當你有移動項目後，一定要檢查加總的方程式是否正確，這一點非常重要。
4. 如果有多於一張信用卡支出，請自行增加欄位。

收支表（2024 年）

收入	一月	二月	三月	四月	五月	六月	七月	八月	九月	十月	十一月	十二月	總額	備註
薪水														
收入 2														
投資收入														
退稅														
兼職														
收入總額														
支出														
每月信用卡費（每月刷卡費用）														
娛樂費														
餐廳／外食														
教育費														
旅遊費														
美容用品／做頭髮														
信用卡總額														
現金 / 銀行轉帳														
房租／房貸														
貸款 1														

（續下頁）

瑜芬財報：資產負債表

每月填入的資產和負債數字，是所有項目在每個月最後一天的餘額。由於現在多數人習慣使用網路帳戶，這些餘額數字應該能夠輕易獲得，如果沒有網路帳戶也可以求助於紙本明細表。當我們很少面對自己的財務狀況時，通常不會認眞看待這些明細表，一旦我們和財務數字連結後，這些明細表將對我們述說很多日常的金錢行爲和信念，藉此就能改變自己和金錢之間的關係了。（請看第202頁資產負債表）

資產區塊

每個人都擁有的資產應該是銀行帳戶，將目前所使用的銀行帳戶一一列入第一部分的資產。

第二部分資產是「有形資產」，如果你有車子、房子、高額藝術品的有形資產，先調查出這些資產目前的市價爲何，一年調查一次即可，例如目前的房子是一千二百萬，那二〇二四年的每個月房子資產金額，都以12,000,000填入。

第三部分是長期投資資產，例如股票、期貨、虛擬貨幣投資。

第四部分是短期投資資產，例如一年定存、跟會、應收帳款（借款給他人）。

負債區塊

如果你沒有任何負債，這部分可以跳過。負債的第一部分是有關於信用卡的每個月借款總餘額。

第二部分是有形資產負債，例如車子和房子的貸款。

第三部分是其他負債（應付帳款），例如你在一月時請朋友代購四百元的物品，但五月才還錢，這四百元應填寫在一月到四月的「應付帳款」項目中，而五月份時才清零。

財報上的總額計算功能一旦在 Excel 表格設計完成之後，所有的數字填入或修改時，正確的數字總額會同步自動發生，不像手寫手帳，每增加或減少一個數字，都需要以計算機計算總額，這個人工步驟很容易產生計算錯誤。我們已經生活在高科技化的時代了，財務的記錄一定要系統化，才能持續地進行財務報表的記錄。當我們擁有多年的財務報表數據之後，便能做出有效的財務分析和規畫，這是我們實踐財富自由之路的重要過程。

7 月 31 日	8 月 31 日	9 月 30 日	10 月 31 日	11 月 30 日	12 月 31 日	備註
						把銀行明細每月最後一天的餘額填在這裡
						請看下面的備註
						房子價值可以一年追蹤一次市值
						車子價值可以一年追蹤一次市值
						每個月底把股票當天的價值填入
						如果是外幣，也要換算為台幣，不能以不同幣值加總

（續下頁）

資產負債表

日期	2024 年	1 月 31 日	2 月 28 日	3 月 31 日	4 月 30 日	5 月 31 日	6 月 30 日
資產							
	銀行一						
	銀行二						
	銀行三						
	現金存款小錢包						
	銀行存款總額						
	房子						
	車子						
	其他						
	有形資產總額						
	股票投資						
	長期投資						
	長期投資總額						
	存款一						
	存款二						
	應收帳款 / 代購代墊						
	跟會						
	短期資產總額						

7 月 31 日	8 月 31 日	9 月 30 日	10 月 31 日	11 月 30 日	12 月 31 日	備註
						卡債餘額

日期	2024 年	1 月 31 日	2 月 28 日	3 月 31 日	4 月 30 日	5 月 31 日	6 月 30 日
總資產額							
負債							
	信用卡一						
	信用卡二						
	信用卡負債總額						
	房子貸款						
	車子貸款						
	其他有形貸款						
	有形貸款總額						
	應付帳款						
	私人借款						
	其他負債總額						
負債總額							
淨資產負債總額							

備註：

1. 現金小錢包計算方式：上個月餘額（＋）每個月提領的金額（—）收支表裡現金支出的總額。
   每個月底清點現金小錢包有多少餘額，再對照表格的金額，如果金額不對，可在收支表的「生活雜費」裡調整，一定要讓帳面和現金的數字相等。
2. 建議使用 APP 來記錄平時的現金支出。

12-3 財富自由的實踐之路

所謂的財富自由是指我們成爲財務的主人，有可靠的現金流運用在渴望的生活型態和實現夢想上，不必擔心付不出帳單或緊急支出，也沒有堆積如山的負債。但我認爲，**財富自由最重要的一點是「時間自由」**，不必再被迫長時間工作賺錢而無法享受寶貴的人生，並且可以將金錢也買不到的時間，用在對於生命有意義的事情上。

我的一位美國朋友在六十二歲時從美國東岸搬到美國西岸的大自然區域準備退休，當時他對自己承諾：我不再把時間都花在工作上了，而是全心的照顧自己的健康。搬到西岸後的八年中，他實踐了自己的諾言，一個禮拜只以顧問型態工作兩天，其他五天的早上排滿了跑步、游泳、瑜珈的運動，完全實踐有機飲食和生活，其餘的空閒時間就專注在研究音響設備、聽音樂、爬山。最令人驚訝的是，他現在的淨收入，居然和在美國東岸一個禮拜工作五天時不相上下。

財富自由之路和你想的不一樣

當我們有渴望獲得財富自由的想法之後，其實第一步並非更努力賺錢，而是檢視自己的生活態度和人生核心價值。無法踏上財富自由之路的人，有幾個共同關鍵點：

1. **隨波逐流的生活心態：**生活的心態總是跟隨著社會潮流，不斷的追求著物質享受，賺多花多或者賺少花多，都很難踏上財富自由之路。所以我認爲檢視自己目前的生活心態是走入財富自由的第一步。

2. **偏離自己的人生核心價值：**很少人花時間來探討自己的人生核心價值，所以總是把錢花在對自己不重要的人事物上，一方面存不了錢，另一方面對於人生總是有一個遺憾。不了解自己的人生核心價值，最容易迷失人生的目標形成亂花錢的行爲，以至於無法聚焦在追求有熱情的事物上，更不可能去思考「財富自由」這件事了。

3. **缺乏財商思維和財務規畫的正確觀念：**現在的資訊管道發達，投資理財的訊息觸目皆是，像是YouTube、臉書、Podcast、Instegram、部落格等等的平台，而財經應該是數一數二多的知識型主題。好處是我們更容易獲得財商知識，但缺點是部分自媒體經營者並沒有財務和金錢心理學方面的專業訓練，而是以自己的經驗和搜索來的資訊，當成自己的財經知識傳播，如果這些財經知識有所偏頗，很容易導致信任他們的觀眾直接吸收了錯誤的財務觀念。

例如有位網紅說道：「如果一個人每個月只賺四、五萬是不可能財富自由的，只有提升收入到至少十幾二十萬，才有可能做到。」這其實是一個錯誤的財務觀念，我所認識國內外知名的財富自由者，大多歸功於善於理財和投資，而並非一定是來自高收入。所以，每個人絕對都有機會學習成爲一位財富自由者！

12-4 實踐財富自由三階段

如果真正渴望財富自由，首先要放棄「快速致富」的心態，並且從事自己擅長的工作來穩定和增加收入，最好從年輕時就開始規畫長期的財務計畫，以這樣扎根的心態來執行財富自由之路，必能成功。

第一階段：重新修正自己的金錢和工作觀

開始規畫財富自由之路時，首先要認清一件事：**工作穩定是財務穩定的基礎。**經常換工作代表著收入上有很多的停滯期，這對於有規畫性的定期存款和投資是最直接的傷害，財富自由之路會走得比較漫長，因此當我們開始規畫財富自由之路前，需要先檢視和處理自己的工作心態和問題。

例如身為一位創業者，需要認知一些基本的創業心態：百分之百為自己的事業負責，包括盡全力的行銷產品和服務來提升營業額，和扛起支付事業費用的責任，即使遇到自己不擅長的領域（例如財務），也要具備「肯學」的工作心態，來突破事業上的瓶頸。

我認識一些上班族想要捨本逐末的擺脫朝九晚五工作，以炒作股票維生，其實他們都還在學習投資的起步階段，但因操作短線偶爾有一些獲利，就認爲以炒股維生是輕而易舉之事，但事實證明，大多數做短線炒股的人都是以賠錢收場，或者生活在極度緊張之中而身心健康亮起紅燈。

第二階段：計畫存入第一桶金，和減少支出

過去我們通常把「第一桶金」以一百萬台幣作爲目標，但是由於通貨膨脹的因素，我認爲以二至三百萬設定爲第一桶金比較符合現代消費指數。依照年紀的不同，收入高低有所差別，達到第一桶金的時間也有所不同，但只要開始行動，總會有達成的一天。爲什麼存「第一桶金」那麼重要呢？首先，這是一個財務上的里程碑，有激勵人心往夢想前進的力量。第二，當我們希望以投資的複利來輕鬆累積財富時，需要一個投資的基本盤，因爲本金越高，複利累積的越多。

檢視消費行為

一九五八年，股票大亨巴菲特爲家人購買了一棟五個房間的房子，當時的房價大約才三萬美金，不可思議的是他到現在還住在那間房子，即使巴菲特身爲全世界的前十大富豪，且身家淨資產超過一千億美金，卻生性節儉不揮霍，這是他保持富有的原因之一。相反的，有一些樂透得主，因爲沒有理財觀念，在短短五年內揮霍殆盡上億美金，甚至進入負債狀態。

收入的多寡的確是影響財富自由的因素之一，但是過度消費行爲卻是導致大多數人無法到達財富自由的主要原因。所謂的檢視消費行爲不只在於金額的多寡，更重要的是，我們需要反思自己的消費項目，是否對於身心靈和生命有所幫助和成長，因爲過度消費和花錢上癮不僅造成財務損失，對於身心靈的傷害更大。

財富自由的計算公式

在這個階段我們需要做出精確的財務規畫計算，這個功課將幫助我們有方向的加快達成累積財富的速度。我先來釐清一個財務觀念：當我們做財務規畫時，會同例如年均消費是72萬，計算公程式如下：
(720,000*25=18,000,000)+(18,000,000*25%=$4,500,000)
財富自由的存款目標就是：18,000,000+4,500,000=$22,500,000

時把所有的短中長期夢想納入，所以每年初都需要重新檢視和規畫夢想數字，而不是只做一生一次的永久規畫。而財富自由的夢想數字也會因每年收入的不同而有所改變，這個夢想應該是每個人在財務上最長期的財務目標。

現今最普遍被採用的財富自由數字計算公式是：「年均消費（乘以）二十五的儲蓄，就能創造每年總儲蓄四%的被動收入」。

這裡的年均消費是指，預計財富自由後的一年支出金額，這個數字可以從目前的年支出做爲一個基準點，然後去思考財富自由後你希望過什麼樣的生活品質？你的花費將比現在增加或減少？由此計算出財富自由後的年均消費數字。這是達到財富自由最重要的一個步驟，很多人對於財富自由的概念是：越多錢越好，如果抱持這樣的財務觀念，很難到達財富自由的階段喔，爲什麼呢？

第一，如果看不到自己財富自由後的生活狀態，就沒有動力去顯化夢想。

第二，如果以「越多錢越好」來看待財富自由的夢想，這個金錢不滿足的心態，又如何得知何時到達財富自由呢？

第三，如果財富自由的金額越高，每個月需要存款的數目越大，很容易自認爲做不到而放棄這個夢想。

財富自由計算公式之所以把年均消費數字乘以二十五，是因爲只要達到這個財富自由總金額之後，將其放入投資市場，以保守的四%投資回報率來看，就能源源不斷地創造出年均消費的被動收入。不過我先提醒一點：這個財富自由數字並不包括意外事故支出、特殊疾病醫療費、或者安養院的費用，所以我認爲比較合理的財富自由計算公式是：（年均消費乘以二十五的總金額）＋（二五%的總金額）。

（請參考前頁上方公式）

第三階段：規畫複利效應的投資

知名美國作家戴爾．哈迪（Darren Hardy）在他的《複利效應》（*The Compound Effect*）一書中說道：成功是複利效應產生的結果。他所謂的成功複利效應包括人生中的每個區塊，都能夠從小地方、小行爲，藉著持之以恆的改變和做出對人生最好的選擇，再經歷時間的考驗，最後產生持久和顯著的成效，是奠定未來成功的基礎，而財務上更是如此。當我們存滿了第一桶金之後，就該開始依照自己所能承擔風險的程度來規畫投資組合。

投資是財富自由的捷徑

雖然有不少人對於投資持有恐懼甚至反感的心態，單純地把存款放在幾乎沒有利息的定存帳戶，一心只想土法煉鋼一塊一塊的累積財富。但是以這個儲蓄方法，不僅對於達到財富自由的境界有難度，甚至無法對抗通貨膨脹的經濟困境。我們都值得過更好的生活品質，理當把追求成長和學習當成自己一生的核心價值，在財務上學習正確的財商思維，和跳脫負面的金錢信念，才能輕鬆賺錢，運用金錢來實踐夢想。

建立正確的投資心態

這裡強調以「承擔風險的程度」來選擇投資，是因為每個人擁有的金錢記憶和經驗不同，就會在潛意識裡存有不同的財務情緒，而造就了投資心態。舉例來說，如果小孟是一位金錢想法很保守的人，卻跟隨朋友一起投資高風險股票，他肯定會活在提心吊膽的日子，不但金錢情緒恐慌，金錢能量也會變得很緊縮，以這樣的投資心態很容易做出錯誤的決定和選擇。而適合小孟的投資組合應該是穩定且低風險的產品，例如高配息利率的ETF或高價值低風險的基金，他才能夠每日睡得安穩，也不需要花太多時間在研究投資上面，照樣能夠達到財富自由。

每個人的金錢經驗和記憶都是獨特的個體，就連巴菲特的投資方法都未必適合所有人，所以在選擇投資組合之前，我會建議先了解自己和金錢之間的關係，如果在金錢和財務上有強烈的恐懼和不安，先療癒潛意識的金錢細胞記憶，然後學習財務規畫，以這樣的金錢身心靈平衡狀來從事投資，必能事半功倍，輕易地以投資複利來建立財富自由的金雞籃！

富足生活教室

成為時間的主人，人生不瞎忙

這個「分配時間的小秘方」是我在美國擔任財務工作就開始執行的方法，幫助我以同樣的上班時數，卻完成別人工作量的兩倍，而不斷升遷的秘訣，並且同時兼顧陶藝的斜槓收入，和平衡家庭生活。**「善用分配時間」**和**「專注當下的每個事件」，是平衡工作和生活的兩大槓桿。**

1. **日曆本：**準備當年的日曆本（或電腦行事曆應用軟體），日曆本必須是呈現一個月一頁的格式，方便一目了然整個月的行程。
2. **記錄活動日期：**記錄所有已安排的活動時段，避免多重事件的安排相衝突，每天早上要養成檢查行事曆的習慣。
3. **每週待辦清單簿：**準備一本筆記本或電腦筆記軟體（例如：Evernote）記錄「每週待辦清單」，我能夠有效率的在時間內完成眾多工作，就是這個「每週待辦清單簿」的功勞。先把行事曆上所記錄的當週活動，依照日期書寫在「每週待辦清單簿」，然後再加上私人瑣碎的待辦事件，例如買菜、洗衣服、打掃房子等等。

4. **每週末審視清單：**每完成一件清單上的事件，就逐一畫掉（這個動作很有成就感）。一週結束後，需要再回來審視這個清單，如果仍有未完成事件，先評估是否需要完成，如果是，再規畫到下一週的待辦清單中。

後記
改寫金錢心靈帳簿，讓人由內而外的富足

這十幾年以來，我不斷地夢想著將這一套三冊的金錢心靈帳簿傳遞到全世界，讓更多人了解所謂的金錢，並非只是我們每日接觸到的貨幣和物質消費，如果它只是那麼表象的東西，不可能讓大多數人又愛又恨。

透過學習金錢整體的身、心、靈，也就是「財務規畫」「金錢心理學」「金錢能量」的智慧，我們終於能夠理解爲什麼金錢帶給自己那麼多喜悅、悲傷、痛苦、仇恨的情緒；爲什麼會不由自主地限制住自己內在的潛力和天賦，而無法快樂的工作賺錢；爲什麼金錢牽制著自己的人生，而無法活出眞實的自己。

期待每一位讀者都能夠藉由這本書來「改寫自己的金錢心靈帳簿」，療癒自己和金錢之間的關係，提升金錢意識和能量，規畫出屬於自己的財富自由之路。

讓我們一起在富足的道路上前進。深深的祝福你。

國家圖書館出版品預行編目資料

改寫你的金錢心靈帳簿 / 張瑜芬 著. -- 初版. -- 臺北市：圓神出版社有限公司，2024.2
224面；14.8×20.8公分（天際系列；18）
ISBN 978-986-133-913-9（平裝）

1.CST：生活指導　2.CST：金錢心理學
3CST：財務管理

177.2　　112021314

Eurasian Publishing Group 圓神出版事業機構 用心與你對話．視野無限寬廣
圓神出版社 Eurasian Press

www.booklife.com.tw　　reader@mail.eurasian.com.tw

天際系列 018

改寫你的金錢心靈帳簿

作　　者／張瑜芬
出版經紀／廖翊君
發 行 人／簡志忠
出 版 者／圓神出版社有限公司
地　　址／臺北市南京東路四段50號6樓之1
電　　話／（02）2579-6600・2579-8800・2570-3939
傳　　真／（02）2579-0338・2577-3220・2570-3636
副 社 長／陳秋月
主　　編／賴真真
專案企畫／賴真真
責任編輯／尉遲佩文
校　　對／尉遲佩文・沈蕙婷
美術編輯／李家宜
行銷企畫／陳禹伶・蔡謹竹
印務統籌／劉鳳剛・高榮祥
監　　印／高榮祥
排　　版／杜易蓉
經 銷 商／叩應股份有限公司
郵撥帳號／ 18707239
法律顧問／圓神出版事業機構法律顧問　蕭雄淋律師
印　　刷／祥峯印刷廠
2024年2月　初版

定價 410 元　　ISBN 978-986-133-913-9